大家小书

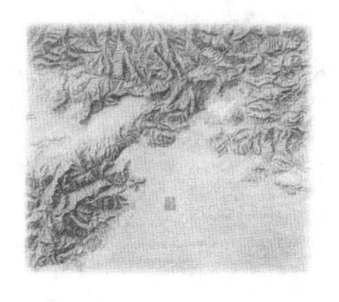

小平原　大城市

侯仁之　著
唐晓峰　编

北京出版集团
北京出版社

图书在版编目（CIP）数据

小平原　大城市 / 侯仁之著；唐晓峰编. — 北京：北京出版社，2023.1
（大家小书）
ISBN 978-7-200-17381-9

Ⅰ.①小… Ⅱ.①侯… ②唐… Ⅲ.①历史地理—研究—北京 Ⅳ.①K928.6

中国版本图书馆CIP数据核字（2022）第160687号

·大家小书·

小平原　大城市

XIAO PINGYUAN DA CHENGSHI

侯仁之　著　唐晓峰　编

出　　版	北京出版集团 北京出版社
地　　址	北京北三环中路6号
邮　　编	100120
网　　址	www.bph.com.cn
总 发 行	北京出版集团
印　　刷	北京华联印刷有限公司
经　　销	新华书店
开　　本	880毫米×1230毫米　1/32
印　　张	5.625
字　　数	98千字
版　　次	2023年1月第1版
印　　次	2023年1月第1次印刷
书　　号	ISBN 978-7-200-17381-9
定　　价	48.00元

如有印装质量问题，由本社负责调换
质量监督电话　010-58572393

总　序

袁行霈

"大家小书",是一个很俏皮的名称。此所谓"大家",包括两方面的含义:一、书的作者是大家;二、书是写给大家看的,是大家的读物。所谓"小书"者,只是就其篇幅而言,篇幅显得小一些罢了。若论学术性则不但不轻,有些倒是相当重。其实,篇幅大小也是相对的,一部书十万字,在今天的印刷条件下,似乎算小书,若在老子、孔子的时代,又何尝就小呢?

编辑这套丛书,有一个用意就是节省读者的时间,让读者在较短的时间内获得较多的知识。在信息爆炸的时代,人们要学的东西太多了。补习,遂成为经常的需要。如果不善于补习,东抓一把,西抓一把,今天补这,明天补那,效果未必很好。如果把读书当成吃补药,还会失去读书时应有的那份从容和快乐。这套丛书每本的篇幅都小,读者即使细细地阅读慢慢地体味，也花不了多少时间，可以充分享受读书的乐趣。如果把它们当成补药来吃也行，剂量小，吃起来方便，消化起来也容易。

我们还有一个用意，就是想做一点文化积累的工作。把那些经过时间考验的、读者认同的著作，搜集到一起印刷出版，使之不至于泯没。有些书曾经畅销一时，但现在已经不容易得到；有些书当时或许没有引起很多人注意，但时间证明它们价值不菲。这两类书都需要挖掘出来，让它们重现光芒。科技类的图书偏重实用，一过时就不会有太多读者了，除了研究科技史的人还要用到之外。人文科学则不然，有许多书是常读常新的。然而，这套丛书也不都是旧书的重版，我们也想请一些著名的学者新写一些学术性和普及性兼备的小书，以满足读者日益增长的需求。

"大家小书"的开本不大，读者可以揣进衣兜里，随时随地掏出来读上几页。在路边等人的时候，在排队买戏票的时候，在车上、在公园里，都可以读。这样的读者多了，会为社会增添一些文化的色彩和学习的气氛，岂不是一件好事吗？

"大家小书"出版在即，出版社同志命我撰序说明原委。既然这套丛书标示书之小，序言当然也应以短小为宜。该说的都说了，就此搁笔吧。

导　　读

唐晓峰

侯仁之先生对北京地区的研究，是他历史地理学探索中最重要的领域之一，在这一过程中创立了城市历史地理研究的范式。

侯仁之对北京城的研究兴趣源起于青年时代。1931年秋天，侯仁之初次从山东负笈北上，乘火车，从济南来到北京（当时称北平）。北京城内浓烈的历史氛围，给了他极大的震撼。

"当我在暮色苍茫中随着拥挤的人群走出车站时，巍峨的正阳门城楼和浑厚的城墙蓦然出现在我眼前。一瞬之间，我好像忽然感受到一种历史的真实。"（为喜仁龙《北京的城墙和城门》中译本所作序）"既到北京而后，那数日之间的观感，又好像忽然投身于一个传统的、有形的历史文化的洪流中，手触目视无不渲染鲜明浓厚的历史色彩，一呼一吸都感觉到这古城文化空气蕴藉的醇郁。瞻仰宫阙庙坛的庄严壮丽，周览城关市街的规制恢宏，恍然如汉唐盛世的长安又重见于今日。……我好像忽然把握到关于'过去'的一种实感，它的根基深入地中。这实在是我少年时代所接受的最伟大的一课历史教育，是我平生所难忘怀的。"（《北京的地理背景》）

1932年，侯仁之开始了在燕京大学的学习生活。随着年龄的增长与学业进展，侯仁之产生了强烈的学术探索意识。而这个意识首先指向了北京城。"我始终不能无所疑惑的，就是这座古城的存在，是否纯粹为历代帝王意志的产物？如其不然，那么它之所以能够发展为一个伟大的历史都会的地理原因，就应该是一个饶有兴味的问题。"（《北京的地理背景》）

认识一座城市从无到有、从小到大的原因，可以从政治、经济、甚至军事的角度去考察，这是已有的城市研究方法，很多城市研究都是这样做的。但侯仁之更感兴趣的是地理学的视角，即北京为什么是在这里，而不是其他地方，兴建并持久不衰地发展，最后成为伟大的王朝都城。古人当然也有说法，比如陶宗仪《辍耕录》："城京师以为天下本，右拥太行，左注沧海。抚中原，正南面，枕居庸，蔂朔方。峙万岁山，浚太液池。派玉泉，通金水。萦畿带甸，负山引河。壮哉帝居，择此天府。"

但这种简略的解释,不能满足侯仁之的现代求知欲望。侯仁之认为:"我们今日再来讨论这个问题,绝不应当再蹈先人的覆辙,抽象的叙述与堪舆家的附会固不足取,就是单纯的局部的地理形胜的描写,也完全不能说明北京地理地位的重要性。……我们今天再来讨论这个问题,贵在能把握一个正确的观点,然后从这个观点出发,把北京局部的地理地位,放在全部相关的地理地位的关系上来加以分析,这样我们才能真正认识北京地理地位的重要性。这个观点,就是现代地理学研究上所谓'地理区域'的一个基本概念。"(《北京的地理背景》)侯仁之明确提出要运用现代地理学的观点来研究北京,这里所说的"观点"就是理论。现代科学地理学要求考察事物具体的环境基础,考察直接产生影响力的地理要素,并揭示这些要素环环相扣发生作用的原理。对于北京城来讲,它的直接环境基础就是北京小平原。

北京小平原是一个区域,它虽然不大,但也具有一个复杂的地理构成,研究北京城发展的地理基础,就是要在小平原多样的地理现象中,梳理出那个有效的支撑城市发展的系统,即城市生态系统。要揭示这个系统,必须关注细节,而要了解细节,必须实地考察,侯仁之正是从实地考察开始的。他首先考察的地区就是自己读书的燕京大学附近的地方。在燕京大学周围地区，遍布古迹，便于侯仁之在课余时间进行踏查。而西北郊正是北京一些重要河水的上源地，河流乃是城市的生命线，侯仁之就是从这里开始，一步步解开城市发展的地理系统。

在北京小平原地理要素以及地理特征中，下列各项对于城市发展是有直接影响的：气候、降水、地形、河流水道、泉水分布、湖泊水面、河流渡口、高山关口等。侯仁之将这些要素均纳入城市生态体系的考察与论证之中。细读侯仁之的论述，可以找到它们各自的影响方式。需要注意的是，北京小平原在承载一座城市的时候，表现出两面性。有利的一面是，由于城址选在河流洪冲积扇的脊部，地势高亢，可以避免河流泛滥的冲击（历史上北京城区的水灾主要是由暴雨直接引发的）。此外，充沛的泉水资源，完全满足城市生活的需求。其不利的一面，最突出的一项是在城市成为王朝首都之后产生的。自金代北京城（当时叫中都城）成为都城后，在漕运渠道水源的问题上遇到了困难，原来的水源不足以维持渠道所需的水量，那么古代水利专家是如何解决这个难题的？侯仁之对此做了十分细致的研究。总之，在北京城发展的不同阶段，其与环境的关系各具特点，也遇到不同的挑战，侯仁之从历史地理学的角度，对此给予了持续的关注。具有研究方法意义的是，有些重要的地理事件在文献中并没有记载,而完全是实地考察中的发现。

除了小平原自身的地理要素特征,侯仁之还关注到小平原与更大区域的对接关系。大略看去,北京小平原三面环山,是一个比较封闭的区域,但仔细考察,在山地中有几个可供穿越的天然通道,即居庸关、古北口等处,这些通道,将北京小平原与山地背后的广阔地带连通起来。这一区域间的联系具有极其重大的历史意义。侯仁之指出,北京位于华北平原、内蒙古高原以及松辽平原的交接处,古代早已形成连接这三大地区的交通道路系统,其中最主要的大道有:一条是沿着太行山东麓向南,通向中原腹地;"一条是从小平原西北隅的南口入山,越过八达岭,经由山间盆地直上内蒙古高原;一条是从小平原东北隅的古北口,通过连绵不断的丘陵山地,深入东北平原。还有一条次要的道路,则是沿着燕山南麓东去,或从中途的喜峰口,或从燕山东端滨海的走廊辗转前进,也可以到达松辽平原。"(《卢沟桥与北京城》)如果想到中国古代最后的三个王朝,即元、明、清三朝的统治者恰好依次来自蒙古高原、中原地区、东北平原这三大区域,就会理解为什么北京连续成为这三个王朝的都城了。

科学研究是一个念兹在兹的执着过程,北京历史地理问题深深扎根在侯仁之的心中。1941年太平洋战争爆发,日军封锁燕京大学，侯仁之曾因掩护进步学生而遭逮捕，关在日本监狱达半年之久。在狱中的危困环境中，侯仁之仍未放弃对北京历史地理问题的思考，在"狱中曾撰有《北平都市地理》腹稿，出狱后即移记纸端，以为后日续作之张本"。

侯仁之以如此坚毅的精神在北京历史地理研究的方向上一往无前。他的历史与地理相结合的研究方法，开出了一条独特的学术道路。1946年，当他去英国利物浦大学攻读博士学位的时候，对于博士论文的选题已然胸有成竹。因为看到侯仁之已经是一位成熟的学者，利物浦大学允许侯仁之在餐厅中就座教师的位置（即"高桌"，high table）。侯仁之的博士学位学习是高效的，仅用了三年时间完成所有课程和博士论文的英文写作，这篇博士论文的题目就是An Historical Geography of Peiping（北平历史地理）。侯仁之终于在自我摸索的北京历史地理研究中获得了重要成果。1949年9月，侯仁之学成归来，随即投入新时代的工作中。

北京地区的建设事业令侯仁之兴奋，但他同时关怀历史文化遗产的保护事业，20世纪90年代初，当他得知北京西客站的建设计划中要占用古莲花池时，立即向北京市领导发表了自己的意见，力陈莲花池的重要历史价值，终于使这一北京城最早的水源地得以保存。侯仁之还就后门桥的保护与恢复历史面貌问题在报上发表文章，也得到积极响应。

北京小平原与北京城息息相关，对于北京小平原上每次新的考古发现，侯仁之均十分关注，并将其纳入所思考的历史地理体系中，以求认识的进一步深刻。20世纪80年代中期，平谷上宅新石器文化遗址发现，侯仁之认为它对研究北京地区历史地理有重要意义。上宅遗址中的文化面貌既体现本地特征，也含有东北地区的因素，这一不同地区文化融合的情景暗示了北京城在北京小平原诞生与发展的远古背景。

目 录

001 / 北京城的沿革
016 / 平原门户
024 / 莲花池与蓟城
031 / 踪迹高梁河
040 / 海淀附近的水道
051 / 颐和园话旧
062 / 明陵的水文

069 / 现在的北京城最初是谁建造的?
076 / 元大都城

094 / 明清北京城

105 / 从北京到华盛顿——城市设计主题思想试探
140 / 评西方学者论述北京城市规划建设四例

北京城的沿革

北京是一个历史悠久的古城,从她的起源算到现在,至少也已经有三千多年。今天她已经成为我国六亿五千万人民政治生活的中心,在我们的宪法中庄严地写着:中华人民共和国首都是北京。

北京最初见于记载的名称叫作蓟,以蓟作为中心而最早兴起的一个奴隶制国家就是燕。根据古代传说,蓟或燕国是周武王伐纣灭商以后所分封的。但是分封的事实,传说不一,经过研究,我们知道北京最初居民点的发展,早在周初以前就已经开始了,这是和燕的兴起分不开的。燕乃是随着地方生产的发展而自然生长的一个奴隶制国家,并不是从周朝的分封所开始的,而城市的诞生,正是奴隶社会发展的标志。现在可以肯定地说,远在周武王伐纣灭商之前,燕国已经存在,它是殷商北方的一个属国,这是三千多年以前的事。又过了几百年,到了周朝末叶的战国时代，燕国和一些邻国一样，已经进入封建社会时期，而且也逐渐强大起来，终于崛起北方，争霸中原，号称七雄之一。这时史书上已经有明文记载说：燕国的都城叫作蓟。蓟，就是现在北京城最初的前身。

从蓟城发展的初期来说，她的地理位置是相当优越的。她建筑在一个面积不大的平原上，这就是今天所说的北京小平原。北京小平原三面有重山环绕，只有正南一面开向平坦辽阔的华北大平原。不过在古代，有一大片沼泽分布在北京小平原的东南一带，因而成为从北京小平原通向华北大平原的极大障碍。幸而西南一角，因为接近太行山的东麓，地势比较高，通行也比较方便，因此就成为当时北京小平原南通华北大平原的唯一门户，而蓟城又正是出入这一门户的要冲。其次，蓟城背后，在三面环抱的重山中，有一些天然峡谷，形成了南来北往的通衢，其中最有代表性的，一是西北角的南口（现在北京城西北大约一百里），一是东北角的古北口（现在北京城东北大约二百里）。通过南口，经过口内的居庸关、八达岭，然后穿行一系列宽窄不等的山间盆地，可以径上蒙古大高原。通过古北口，越过高低不同的丘陵和山地，又是通向松辽大平原的捷径。这样北京小平原就成为山后地区和广大平原之间南来北往所必经的地方，而蓟城正是其枢纽。

由于在南北之间这一有利的地理位置，蓟城在秦始皇兼并六国、第一次在我国历史上建立一个统一的封建制国家之后，成为这个统一封建制国家东北方的重镇。这一情况，从公元前3世纪起一直到唐朝末叶，前后大约一千年间，可以说没有什么很大的改变。在这期间，宇内升平的时期，蓟城常常是汉族与东北少数民族互通有无的贸易中心，是国内有数的商业都市之一。关于这一点，汉代史学家司马迁曾有过极好的描写。他说蓟城地区，物产丰饶，又地居汉族与东北各少数民族之间，是南北货物交流的中心，因此就成为北方一大都会。但是另外的一种情形是：每逢一些穷兵黩武、好大喜功的封建统治者肆意孤行的时候，又常常利用蓟城在交通上的优越地位，作为经略东北的前方基地。例如隋炀帝、唐太宗就是很好的例子，隋炀帝和唐太宗不但都曾亲自领兵来到过蓟城，而且还都在北京城的历史上留下了一些痕迹。7世纪初，隋炀帝开运河，南起江都（现在的江苏扬州市），北到蓟城（当时是涿郡的治所），这就是后来所谓南北大运河开凿的先声。其后又过了几十年，唐太宗驻兵蓟城，曾在这里修建了一座大庙叫作悯忠寺。这悯忠寺就是现在北京法源寺的前身。今天我们还可以在外城广安门大街以南看到这座规模宏大的庙宇。

晚唐以后，东北方的情况发生了很大的变化。在过去默默无闻的好几个少数民族,不但先后崛起,而且连连叩打汉族的门户,首当其冲的就是蓟城。这时蓟城因为是幽州的治所,所以又叫幽州城。幽州城因为上述的原因,就成了汉族一个重要的边防中心。由于唐朝的没落,其后相继而来的是五个小王朝——也就是历史上所说的五代。五代时期,幽州及其附近地区,落入东北少数民族之一的契丹人手中。契丹兴起于今日西辽河上游西拉木伦河附近的山区,在它一旦占据了幽州城之后,就立即在这里建立陪都,改称南京,并作为进攻大平原的一个据点。这就是历史上和北宋对峙的辽。

辽虽然改称幽州城为南京,但是并没有进行大规模的城市建设。到了兴起于松花江上的女真人建立了金朝并代替辽而占据了幽州城之后,情况就大不相同了。女真人第一次把都城从松花江上迁到了幽州城,并把幽州城正式改名为中都。

金不但在这里建都,而且还进行了城市改建的工作,首先是把大城的东西南三面加以扩展,其次又在城内中部的前方修筑宫殿,工事非常豪华。中都城扩建之后,面积大为增加。大城中部的前方是内城,也就是皇宫,皇宫内外还有苑林的点缀。至于内城北面,也就是大城北门以内,则是全城最大的市场。当时人曾经记载说"陆海百货,聚于其中",其规模之大是可以想见的。

中都城的扩建，工程相当浩大，相传当时征调的民夫多至八十万，参加的兵工也有四十万。更加值得注意的是：下令修建中都城的，虽然是少数民族所建立的一个王朝的统治者，但是参与设计和施工的却都是汉族工匠，而且建筑规制也都是参照汉族都城的传统和地方固有的特点而进行的。甚至所用的建筑材料，除去来自真定府的"潭园"木材之外，据说还有从北宋都城汴梁拆运而来的门窗等件以及"艮岳"（所谓"艮岳"，也叫万岁山，是宋徽宗在汴梁城内东北角用人工培筑的一座假山）上的太湖石。

中都城在扩建之后不到一百年，就被破坏了。特别是建筑最为豪华的宫城，竟至荡然无存。这是因为，蒙古骑兵于1215年突破了南口一带的天险，冲入了中都所在的小平原，杀进中都城来。那个时候他们还没有在这里建都的长远打算，因此不免大肆抢掠一番，然后纵火焚烧，可惜一代豪华的宫阙，竟然付之一炬。史书记载说，当时大火焚烧，断断续续，时燃时熄，前后蔓延了一个多月。劫后中都的残破，是完全可以想见的。

在中都扩建之前，北宋的人尝称它作"燕京"，也叫作"燕山府"。中都被毁之后，蒙古又在这里设置了"燕京路"，因此燕京一名，始终没有废弃。此后又过了四十多年，形势发生了很大的变化。当时成吉思汗的孙子忽必烈,怀抱着消灭南宋统一中国的雄心壮志,在1260年,从蒙古高原上的都城和林来到了燕京。但是燕京城中金朝宫殿已遭破坏,战乱以后的萧条情况,自在意中。因此,忽必烈到达之后,并没有住在城中,而是"驻跸燕京近郊"。在忽必烈第一次到达燕京后的第三年,他宣布定都燕京,正式恢复了中都的名称,并且开始动工兴建宫殿城池。又过了四年,一座规制宏伟的新都,终于落成,这就是历史上赫赫有名的大都城。忽必烈在这里正式定都之后,随之也就改立了一个新的国号,叫作元。

不过元大都城并不是在金中都城的旧基上建造的,如果说金中都城乃是在北京最早的一个城址上所建立起来的最后而且也是最大的一座大城,那么元大都城则在另外的一个新址上,为现在的北京城奠定了最初的基础。

1262年,也就是忽必烈初到燕京的第三年,他曾下令修缮一片湖水中的一个小岛,名叫琼华岛。1264年再修琼华岛。1265年工匠们用一整块玉石雕刻了一个大酒缸,起名叫作"渎山大玉海",献给忽必烈使用。忽必烈很高兴,就下令把它放在广寒殿里。次年又制成了一只雕刻精美的卧床献给忽必烈,起名叫作"五山珍御榻"。这只卧床,也被命令放在广寒殿。史文里明白地指出了广寒殿在琼华岛上,同时这一年又三修琼华岛。1267年，还在广寒殿中另外建立了一座玉殿；新都也就是在这一年落成的。

这琼华岛就是现在北京城里北海公园的白塔山。现在，这里已经是北京城内游人必到的一个风景中心；但是在金朝，这却是中都城外离城不远的一座离宫。这座离宫几百年来虽然历经沧桑，文物建筑大半已经荡然无存，但是宫中的琼华岛却被一直保留到今天，不过现在的人们一般不再管它叫作琼华岛，只是叫它作白塔山了。山上白塔的位置大约就是当年广寒殿的旧址，至于白塔的建筑年代还要晚得多。

值得一提的是，当年被忽必烈下令放置在广寒殿中的"渎山大玉海"，还一直被保留到今天。这确是一件可贵的艺术品，是由一整块黑质白章的玉石雕刻而成，俗称玉瓮，瓮径四尺五寸，高二尺，周围一丈五尺，周有浮雕，刻工精美。这只玉瓮，虽然经历了几百年来的无数沧桑，却依然完好无恙，现在被放在琼华岛南面的团城里，供人览赏。我们现在走上团城，在苍松翠柏间的一座小亭子下面，看到眼前这件富有历史意义的艺术品时，不仅应该欣赏它雕刻的精美；更应该想到：当这件艺术品最初被放在琼华岛上的时候，现在我们所熟悉的这座北京城还没有诞生哩。

现在值得追问的是这座离宫又是怎样一个来历呢？

原来这是中都城东北郊外一片天然的湖沼，经过历代劳动人民的经营，开辟了一些水田，因而呈现了北方少有的江南景色。辽都南京的时候，也许在这里有些修建，已经难以详细考察。到了金世宗大定十九年（1179），就在这里正式建筑了一座离宫，起名叫作大宁宫，后来又改称寿安宫和万宁宫。可能就是在这次修建离宫的过程中，原有的湖沼又被大加疏浚，并把掘起来的泥土，堆筑成湖中的琼华岛，相传琼华岛上所用汴梁城内艮岳的太湖石就是这时候堆砌上去的。

在金朝，这座离宫的建置想来也是十分可观的，全面的叙述虽然没有，但是从片段的记载里，也可知道个大概。例如金章宗明昌六年（1195）的本纪里，就有下面这样一条说："三月丙申，如万宁宫。五月，命减万宁宫陈设九十四所。"大概是万宁宫里搞得太奢华了，所以才有这样一道命令。不管怎样，万宁宫总是金朝帝王经常游息的地方，这在历史上是有很多记载的。到了1215年蒙古骑兵突破南口，直围中都的时候，万宁宫因为还在东北郊外，所以竟成为当时城下战场的后方。因此，尽管中都城——特别是内城宫殿遭到了破坏，而在城东北几里路以外的万宁宫，却侥幸保全下来。正是因为这一原因，所以后来忽必烈初到中都城，就没有住在城里，而是住在了城外离城不远的万宁宫。几年之后，就又环绕着万宁宫，建筑起大都城，这就为现在的北京城奠定了基础。

元朝大都城的兴建，是历史上北京城的一个极大发展，也是中国都市建筑史上非常值得重视的一页。当时未曾建城之前，先进行了十分详细的地形测量，然后根据中国传统的规制，结合了历史发展的因素和地方上一些地理特点，拟订了一个全城的总体规划，再逐步施工。首先在地下按着自然地形的倾斜铺设了下水道，装置了排水设备。然后才在地面上根据分区布局的原则，进行设计。因为这是封建帝王的都城，宫殿自然要占着最突出最重要的地位。这些宫殿建筑的布局，并不是仅仅占据了全城中央部位的机械而呆板的安排；相反地，却是采取了一种非凡的艺术手法，使严正雄伟的宫殿建筑和妩媚多姿的自然景物紧紧地结合起来，因此这就取得了一种人工与自然相互辉映的奇妙效果。

具体来说，当时曾把大大小小的宫殿，分别组成了三个建筑群，然后以琼华岛和周围的湖泊——今日的中海和北海（当时南海还不存在）作为设计中心，把三组宫殿环列在湖泊的两岸。在湖泊东岸以南的，是属于皇帝的一组宫殿，叫作大内（现在紫禁城的前身）。东岸以北，则保留为一个广大的绿化地带，向西通过一道桥梁，可以和琼华岛连成一片，它的位置大约相当于今天景山公园和附近一带地方（当然现在的景山那时还不存在）。因为当时曾经在这里养过一些珍禽异兽，所以又叫作"灵囿"，是皇家动物园的意思。湖泊的西岸，南北两部各为太子和太后的两组宫殿，和大内隔湖相望，鼎足而三。从这两组宫殿的中间，穿过湖泊中心遥接对岸的是东西通行的大木桥（现在北海大石桥最初的前身）。这样三组宫殿，再配合上当中一带湖泊和耸立在湖泊北部的琼华岛，构成了一个相互联系的整体，这就是整个都市布局的核心。环绕着这个核心，又加筑了一道城墙，当时叫作萧墙，后来称为皇城。环绕在皇城外面的才是大城。大城除北面只有东西两个城门外，其他三面，各有三个城门。相对的城门之间，都有宽广平直的大道，互相通连，在这些东西交织的大道所分割而成的地区，除去个别的例外，又都是纵横排列的街巷，不过为了采光和抵抗严寒北风的侵袭，所有纵横相交的街道，都是以东西向的横街为主，而且也都离得很近，至于南北向的街道，只占次要地位。这种情况在现在北京城的好多地方，还可以看得十分清楚。最后，大城以内，沿着一定的纵横街道，又划分为五十坊，每坊各有名称，这就是全城居民的居住单位。所以总的看来，全城规划整齐，井然有序，这是十分突出的。此外，在大城之内、皇城之外，另有三组建筑，具有布局上的特殊意义。在皇城以东（现在东四牌楼附近），以及皇城以西（现在西四牌楼附近），各有一组建筑，单独成为一区。东面的是太庙，是封建帝王祭祀祖先的地方；西面的是社稷坛，是封建帝王祭祀土地和五谷之神的地方。这样左右之间的对称排列，更加加重了帝王大内的重要性。大内最中心的一座大殿，以及大殿最中心的所谓皇帝的宝座，是东西两城之间的中心点。南北之间，垂直于这中心点的，正是全城设计的中心线。从"大内"沿着这条中心线向北去，在另外一片湖泊（现在北京什刹海）的北岸，又有前后两座大建筑耸立起来，这就是钟楼和鼓楼，是全城报时的中心。钟鼓楼离开东西两面城墙的距离是相等的，而且离开南北两面城墙的距离也是相等的。因此，这里正是全城的几何中心。同时，这里也是当时城内最大的贸易中心。

由此可见，元大都城的平面规划，在中国历代都城的设计中，可以说是最近似地体现了我国古代关于帝都建筑的一种理想。这个理想见于《周礼·考工记》，大意是说：一个帝王都城的设计，应该是一个正方形的大城，四面各有三个城门，门内各有笔直的通衢。在大城之内，正中的前方是朝廷，后方是市场。在朝廷的左方是太庙，右方是社稷坛。简单地说，叫作"前朝后市，左祖右社"。元大都城虽然不是正方形，而正北一面也只有两个城门，不是三个城门。但是总的来说，城内主要建筑群的布局是合乎前朝后市、左祖右社的原则的。不过，它又结合了地方的特点，有所发挥就是了。总之，它不是单纯机械的模仿，而是创造性的发展。

大都城兴建之后刚刚一百年，又发生一次大变动。1368年，朱元璋在南京称帝，建立明朝。这一年，大将徐达奉命北伐，元朝最后的一个皇帝，终于弃城逃走。徐达胜利地进入大都城，立即把大都改称北平。

北平既定之后，紧跟着就是缩减北城，这大概是为了军事防守的便利而不得不采取的一种措施。被削掉的北城墙，现在在北京城北郊，依然还有遗迹可见。再建之后，就是现在北京城的北墙，即今日德胜门和安定门所在的地方。后来为了要消灭所谓"王气"，又把元朝的大内有计划地铲为平地，从一方面来说这是对文物建筑的破坏，但从另一方面来说，这却为北京城的再建开辟了道路。燕王朱棣做了皇帝之后，就决心把都城从南京迁到这里，并把北平改名叫作北京，这是1403年的事，在明朝为永乐元年。北京这个名称就是从这时开始的。

永乐四年（1406）起，开始营建北京宫殿，改造城池，一直到永乐十八年（1420）全部落成。这一年，明朝正式下令迁都北京。从此以后，除去在明朝中叶又加筑了一个外城城墙之外，全城的总体规划可以说再也没有什么改变，一直到1949年北京城的解放为止。

明初改建北京城除去宫殿的营建以外，还涉及全城平面设计的重新安排，其中主要的可以归纳为两点：

第一，开拓南城。把大都城的南墙，从现在天安门前东西长安街所在的地方，推移到现在前门所在的东西一条线上，同时也相应地拓展了皇城的南面，这样就使得紫禁城和皇城之间的距离，大为延长。两者之间，也就出现了一大片空地，这样就把东城的太庙和西城的社稷坛，分别迁移到空地上的左右两方，这样不但加强了这两组建筑和紫禁城之间的联系，而且也大大突出了中心的御路，增加了从天安门到紫禁城正门之间的深度，因而使得宫城以外的气势，更加恢宏。现在，天安门左右两方的劳动人民文化宫和中山公园就是利用旧的太庙和社稷坛改造。至于中山公园以西遥遥相望的南海，也是在这个时候开凿的，它和北面的湖泊连成一片，就是现在通常所说的"三海"。

第二，这次北京城的改建，不但开拓了南城，而且在兴修紫禁城的时候，还把原来的中心线，向东移动了若干步，因此这条线就不再是平分东西两城的中心线，只能看作是全城设计的中轴线。它离开东城墙比较近，而离开西城墙比较远，这是从今天的地图上可以量得出来的。紫禁城中最主要的三大殿——今称太和殿、中和殿、保和殿（明初称奉天殿、华盖殿、谨身殿，后改称皇极殿、中极殿、建极殿），仍然建筑在这一条线上，而且所谓金銮殿上宝座的中心，也正是这条中轴线所穿过的地方。这仍然和元城大内的设计一样，突出地说明了封建帝王独霸天下的思想，至于紫禁城中的其他一切建筑，都是严格遵守着左右对称的排列形式，这在今天也还看得十分清楚。至于和元朝不相同的是明朝紫禁城的周围，又加筑了护城河，并且用河里挖起的泥土，在紫禁城的正北方，堆起了一座土山，这就是现在的景山。

到了我国历史上最后一个封建王朝——清朝，就完全袭用了明朝的宫殿，除去重修和增建了现在故宫中的一些大殿之外，其主要力量都放在北京城西郊两座离宫的修建上。一座是号称万园之园的圆明园（1860年惨遭英法侵略者焚毁）；一座是现在的颐和园，其中包括了昆明湖和万寿山，现在成为广大劳动人民假日游玩的地方。

由上述情况看来，在历史上一切封建帝都的设计中，北京城称得上是一个无比的杰作。现在，中国历史上的封建王朝早已结束，骑在人民头上作威作福的反动统治者也一去不复返了，北京正以青春焕发的朝气，迎着无限光辉的未来阔步前进。在这时候，我们再回顾一下她在历史上所经历的曲折复杂的变化,对于进一步认识北京今日某些特点的形成和发展,是有一定帮助的。

> 原载《光明日报》1962年1月17日,
> 原题《历史上的北京城》
> 本次自《步芳集》(北京出版社,1962年)选出

平原门户

公元前221年，秦始皇统一六国，中国第一次出现了一个中央集权的封建大帝国。燕和齐是六国之中最后为秦所灭的两个国家。

燕国的故都蓟，在帝国版图的东北方，占有非常重要的地位，其作用有如华北平原北部的一个门户。简单地说，从秦时起一直到唐朝末年，每当汉族统治者势力强大，内足以镇压农民的起义，外足以扩张势力、开拓疆土的时候，就一定要以蓟城为经略东北的基地。反之，每当汉族统治者势力衰微，农民起义作为阶级斗争的一种形式而日趋急烈的时候，东北的游牧部族，也常常乘机内侵，于是蓟城又成为汉族统治者一个军事防守的重镇。最后到了防守无效，东北边方游牧部族的统治者，一旦侵入之后，蓟城又成为必争必夺之地，并以之作为继续南进的跳板。自然，这期间也经常出现一些比较安定的局面，于是蓟城又会很快地发展起来，成为中国北部的一个经济中心，并促进了汉族与游牧部族之间的物资文化的交流。

由于篇幅所限，以上这一概括的论述，只能举几个例子来说明。

秦始皇统一之后，尝修驰道，北至蓟城，加强了远在东北的蓟城和当时首都咸阳的联系。这驰道的最后一段，也必然是沿着太行山东麓前进的。汉武帝时经营东北，又把燕国已有的疆土，向外开拓，设立了乐浪、临屯、玄菟、真番四郡，而蓟城则是由长安到达东北边方的必经之地。因此，它在经略东北的过程中所起的作用，也是可以推想而知的。更明显的是隋炀帝和唐太宗都曾利用蓟城作为基地，向东北进行征讨。

先是隋炀帝于大业四年（608）开永济渠，引沁水南达河，北通涿郡。当时涿郡治蓟城①，其位置即在古代蓟城。这条运河的修治，第一次开辟了自南而北直达蓟城的运道，也就是后日南北大运河的前身，不过它通达蓟城的最后一段，并不是经由后日所谓北运河（即潮白河下游），而是沿着当时永定河（时称桑干河）的故道（即今凉水河），直抵蓟城南郊。②

---

① 《通鉴释文辨误》卷八"九月诏征天下兵，集涿郡"，注"大业初并燕范阳置涿郡，治蓟"。

② 侯仁之：《北京都市发展过程中的水源问题》，《北京大学学报》人文科学版，1955年第1期。

其后三年（大业七年，611），炀帝自将伐高丽，从江都船行而北，直到蓟城，所经正是这条水道。当时兵马辎重，都集中到蓟。《资治通鉴》大业七年秋七月有记载说：

> 发江淮以南民夫及船，运黎阳及洛口诸仓米至涿郡，舳舻相次千余里。

涿郡所指即是蓟城，已如上述[①]。八年春正月又有记载说：

> 四方兵皆集涿郡，凡一百一十三万三千八百人，号二百万，其馈运者倍之。宜社于南桑干水上，类上帝于临朔宫南，祭马祖于蓟城北。

所谓"宜社于南桑干水上"，当即指蓟城以南桑干河畔，这里应是当时运河码头所在，临朔宫是蓟城行宫[②]。这次出师，不利而返。到了大业九、十年间，再度征兵，集中到蓟，

[①] 《通鉴释文辨误》卷八"九月诏征天下兵，集涿郡"，注"大业初并燕范阳置涿郡，治蓟"。

[②] 《通鉴》大业七年四月，"车驾至涿郡之临朔宫"。又《新唐书·方技传》："炀帝幸涿郡，召王远知，见于临朔宫，执弟子礼，资质仙事。"

炀帝本纪记道:

> 九年春正月丁丑,征天下兵,募民为骁果,集于涿郡。

这次炀帝又曾亲到蓟城,督师前进,但是由于黎阳兵起,东都(洛阳)被围,遂引退。

隋炀帝两次亲到蓟城大举出征,说明蓟城在经略东北方面的重要性;而蓟城本身,由于军需集中的结果,也形成了一时的富饶,《通鉴》记道:

> 帝谋伐高丽,器械资储,皆积于涿郡;涿郡人物殷阜,屯兵数万。[①]

到了唐太宗时,由于国力日渐强盛,又一次助长了中国的封建统治者对外侵略的野心。贞观十八年(644)冬,太宗决心亲征高丽。次年四月,除分兵莱州(山东掖县)泛海趋平壤外,太宗率主力,仍从陆路过蓟城趋辽东,并在蓟城南郊誓师,大飨六军[②]。但是由于高丽人民顽强抵抗,又加上天寒粮

---

① 《通鉴》大业十二年十二月。
② 《旧唐书》卷三、本纪第三、太宗下。

尽，被迫而退。是年十一月，太宗兵退蓟城，为了安抚军心，于是在城内东南隅建寺，以志悼念，命名为悯忠，这就是现在法源寺的前身。[①]

以上史实，都可说明蓟城在汉族统治者经略东北时所起的作用。反之，当汉族统治者势力衰微或政局分裂的时候，蓟城又常常成为军事防守的重镇。三国时代，魏征北将军刘靖在蓟城屯兵驻守，因而大兴水利，实边御外，便是一例。到了唐朝中叶以后，帝国已是外强中干的局面，阶级矛盾和统治阶级内部的矛盾，日益激化，危机四伏。北部的许多游牧部族，这时也都伺机反抗。为此，唐朝的统治者，曾在沿边一带的重镇，设置节度使，可以代表皇帝的权威，率兵驻守。玄宗时，沿北边一带，从今河北一直到新疆，共计设有八个节度使，蓟城便是其驻地之一，号称范阳节度使，这足以说明它的防御地位了。

但是，当汉族的统治权濒于崩溃以致边防不守的时候，游牧部族，便会进据蓟城，并由此打开侵入平原腹地的门户。最好的例子，便是东晋末年鲜卑慕容氏之建都蓟城，这就是史称五胡十六国的前燕。

---

① 朱彝尊：《日下旧闻考》卷十七、页十二上，引塞北事实。

还在前燕都蓟以前,羯族石勒先有其地。石勒初陷蓟城是西晋末年的事(愍帝建兴二年,314)。到了东晋之初(元帝大兴二年,319),石勒自称赵王,建都襄国(今河北邢台西南),再破蓟城,这就是五胡十六国的后赵。石勒从其国都北至蓟城,沿着太行山东麓的古道,种植了成行的榆树,并于滹沱河上架造浮桥①。这是很可注意的一件事。这时鲜卑慕容廆自称大单于,取得了辽东。其后廆卒,子皝嗣立。到了东晋成帝咸康三年(337),皝自称燕王,是为前燕,仍称藩于赵。其后四年,筑龙城(和龙,今辽东朝阳县)都之。东晋穆帝永和四年(348)皝死,子儁嗣立,势力日强,并于永和六年(350)春进兵卢龙,西拔赵蓟城,并即迁都于此②。到了升平元年(357),才又沿着太行山东麓南下,徙都于邺(故城在今河北临漳县西四十里)。总之,前燕之建都,由龙城而蓟,由蓟而邺,十分典型地说明了东北游牧部族入侵的道路,后来的契丹、女真,也差不多是沿着同一道路下来的。

---

① 《日下旧闻考》卷二、页十九上引赵书:"石勒从蓟州大道、滹沱河造浮桥植行榆,五十里置行宫。"

② 前燕都蓟,《水经注》记有如下一段故事:"城有万载宫光明殿,东掖门下,旧慕容儁立铜马象处。昔慕容廆有骏马,赭白有奇相逸力,至儁光寿元年,齿四十九矣,而骏逸不亏,儁奇之,比鲍氏骢,命铸铜以图其象,亲为铭赞,儁颂其旁,象成而马死矣。"

最后应该提到，蓟城作为华北平原北方的门户，在部族矛盾日趋尖锐的时候，固然是汉族和东北游牧部族必攻必守之地，但在和平相处的日子里，它又成为部族融合、文化交流以及贸易来往的中心。上文已经提到在战国时代燕国明刀出土于朝鲜和日本的事实，其后到了汉朝，司马迁又明确地写道：

> 夫燕（按指蓟城）亦勃、碣之间一都会也，南通齐赵，东北边胡……有鱼盐枣栗之饶。北邻乌桓、夫余，东绾秽貉、朝鲜、真番之利。①

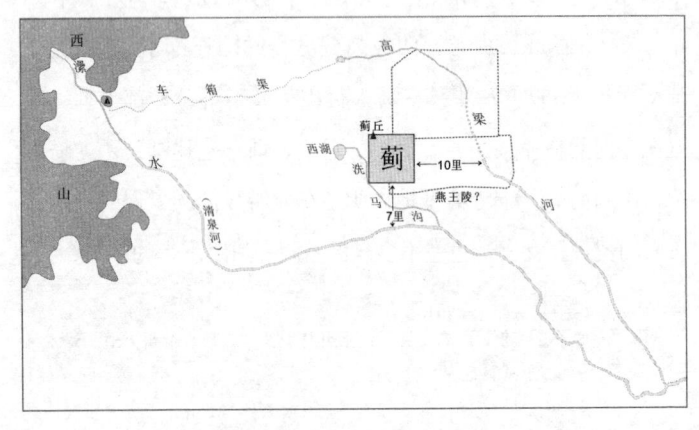

蓟城与附近水道相对位置图

---

① 《史记·货殖列传》。

这寥寥数语,已经把蓟城在汉族和游牧部族间交换关系的优越地位,阐述无遗了。后来的史文中虽然缺乏如此概括而明了的叙述,只要社会条件许可,内外贸易的来往,必然会更加频繁。因此,蓟城从古代一直到唐,作为华北平原北部的一个经济中心,也是不可忽略的。

莲花池与蓟城[①]

莲花池正好在我们首都新建的西站旁边。这个地方很重要。追根溯源，它和北京城有血肉相连的关系。几年前，我们纪念北京建城3040年，北京城为什么能够在这里成长，是很值得研究的问题。从水的供应来讲，一个城市的成长，是绝对必须解决的问题，当然，北京城起源的蓟城，是人口比较稀少的一个小城，它的生命来源——水源，就是靠莲花池。关于蓟城最早的记载，还是孔子提出来的，首先见于《礼记》，最初是黄帝之后被封于蓟。到了战国期间，蓟已是燕国的都城。燕国的乐毅伐齐，取得了很大胜利，获得很多战利品，带回蓟城，放在不同的宫殿里。

[①] 本文是作者1998年4月24日为北京市委、市政府中心组学习会所做的报告，收入时有删节。

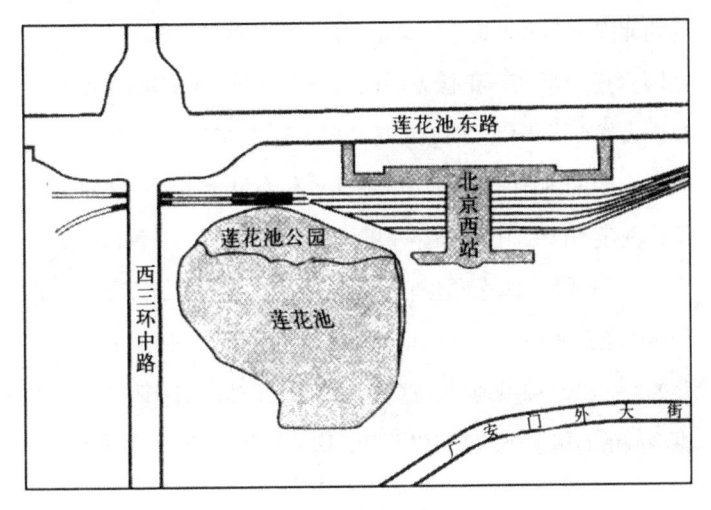

莲花池复原示意图

讲到这个问题，涉及蓟丘。乐毅在《报燕王书》中讲到战利品时还写道："蓟丘之植，植于汶篁。"蓟这个地方有一个高地，这个高地叫作蓟丘，离莲花池很近，这在蓟城选址上是十分重要的。所谓"蓟丘之植，植于汶篁"，大意是说，蓟丘上栽培的植物，是作为战利品从汶水上移来的，这是第一次蓟丘的名称见于记载。到了一千四百多年前，当时的大地理学家郦道元，在他那部大著《水经注》里，特别讲到蓟城。当时的莲花池，在《水经注》里叫西湖，在蓟城的西侧。蓟丘在城内的西北隅，今天来讲，应该是在白云观的西侧。郦道元说，蓟是因蓟丘而得名。正像齐国的首都叫营丘，鲁国的首都叫曲阜。古代很多平原上的城市是利用比较高的地方兴建的。有一张很重要的地图，民国初年顺直水利委员会实测的北京郊区图，蓟丘在这张图上表现得很明显。

关于西湖，郦道元还有两句话："绿水澄澹，川亭望远，亦为游瞩之胜地也。"这就是说湖水澄清，风景开旷，是一个游览的好去处。简单地说，这个小湖泊，虽然面积有限，但除去供应城市的用水外，还可以游览，这是一个城市很大的特点。

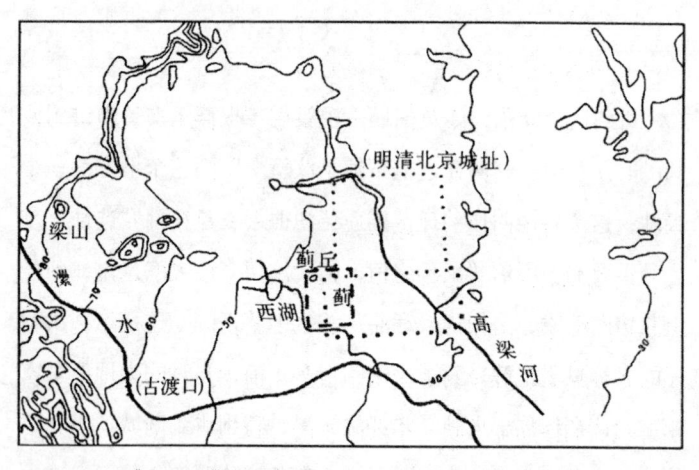

《水经注》所记"蓟城"与"西湖"位置示意图

水源和高地只是有利于蓟城成长的局部地理条件。蓟城在地理位置的关系上却更为重要。从现在的地图上看，华北大平原的西边是太行山，在太行山东麓，有一条铁路，沿着太行山自南而北一直到北京。北京正好在自南而北的铁路转而向东或者向西和西北的交叉点上。这个交叉点是怎样形成的？

在古代，华北大平原上，水网密布，南北方向很难通行，所以自南而北，大路一定是沿着太行山东麓行进的。穿过太行山的水，自西而东，流入平原，大路经过山口时常常遇河搭桥，后来有名的赵州石桥就是一例。大路自南而北，沿着太行山东麓前进，遇到的最后一条大河相当于现在的永定河，过了河上的渡口，大路开始分歧。如果永定河是一条流量稳定的河流，最早的北京城应该在卢沟桥所代表的渡口上成长。设想古代有三个人携手沿着太行山北上，来到卢沟桥所在的渡口上，三人分手，一个向西北，一个向东北，一个向正东，相约明年重新沿着太行山南返。什么地方彼此最不容易错过？就是在渡口上。世界上很多有名的城市就是在渡口上成长的，最典型的是英国的伦敦，中国有兰州、天津、南京、武汉等都是这样的。可是北京城并没有在渡口上成长，原因是什么呢？这又决定于河流的性质，反映了华北降水的特点，冬季降水很少，夏季又常降暴雨，河流泛滥，这个渡口常常会遭受水灾。如果永

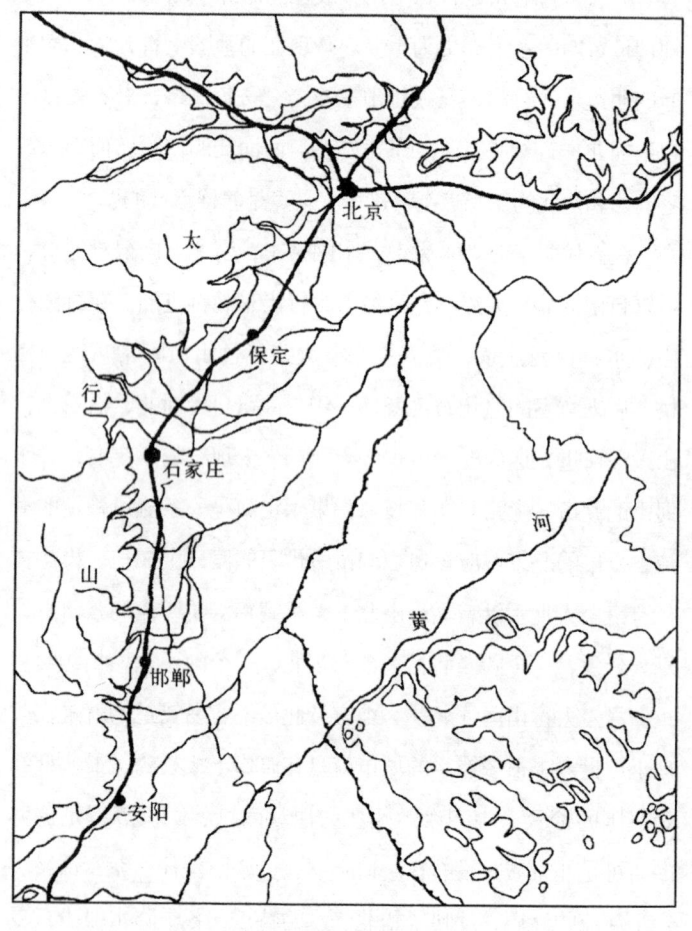

太行山东麓地形略图

定河是一个流量稳定的河流，那么最早的北京城应该在渡口上成长，可是因为气候的特点影响到河流的特性，洪水排斥渡口，过了渡口要找最理想的地方实现大路分歧，就找到了蓟丘，找到了莲花池，简单地说就是这样的道理。所以大路从这里分歧了，一个向西北出南口，一个向东北出古北口，一个向正东去，最远到山海关，转向北方去。

反之，从北而南，也是从不同的方向，集中在蓟丘和莲花池附近然后南下，这就是北京城最初在这里成长的最重要的地理特点。实际上早就有人感觉到北京城的这个地理特点问题很不容易解决。我举一个例子，一位国际上知名的地理学家Griffith Taylor，他是澳大利亚人，先在英国进修，先后到美国和加拿大的大学任教，他在芝加哥大学任教授的时候，当选为美国地理学家协会的主席，他的即任讲演就是讨论到北京城址起源的问题。他认为这个城市本来应该在平原的中心上成长，可是为什么却在现在的地方成长？他认为是古代占卜的原因，或者是政治原因，没有把这个问题讲清楚。所以这一直是地理学家研究的问题。今天讲莲花池，重要的意义就在这里。

莲花池毕竟是比较小的水源地。可是这个地方，逐渐发展起来了。因为它处于南北交通的重要地段，南北交通往来的关系常常出乎我们的意料。在北京小平原的沿山一带，东到平谷的上宅、北埝头，北到南口外的雪山，西到西山，所发现的一些新石器时代的遗址，都是在燕山脚下，然后人的活动逐步向平原中心扩展。这是一万年来，随着气候的变暖，人离开山地进入平原的发展过程。就是因为南北交通的关系，随着形势的发展，最早的蓟城开始成长起来。

近一千年来，首先是北方的少数民族，越过燕山南下建立王朝，头一个是辽，在原来蓟城的旧址上建立了一个陪都叫南京，它不是真正的统治中心，城市没有更大的发展。相继而来的就是金，金在此建立中都，就在原来蓟城的城址上向东、南、西三面加以扩大。中都城扩大的一个重要结果就是把以莲花池为水源的莲花河，包入城中。莲花河流出城的地方，就是前些年新发现的金代南城墙下的水关遗址。今天已把它保存下来，并就地建成一个大的城垣博物馆，定名为辽金城垣博物馆。这是市里兴建的第一个地下博物馆。

这就说明，老的北京城的成长和莲花池的关系至为密切。不仅如此，把河的下游包进城里后，又引河水建造了皇家的御园——同乐园，而且还进一步把同乐园的水引进了宫城里面，形成一个小的湖泊叫鱼藻池，也就是宣武区的青年湖。它曾经被改造成游泳池，现在又加以扩建，保留了一片水色，有碑刻略记其事。

踪迹高梁河

一

想了解北京城古今水系的演变，高梁河是个关键。

在地理上，高梁河是条微不足道的小水，但是一千七百年来，史不绝书。简单说来，它和旧日北京城址的迁移很有关系，也是解放以前几百年间北京城地表供水的唯一来源。比如，往大里讲，元、明、清三代南北大运河的上源就是高梁河，凭了高梁河的给水，每年数百万石的漕粮，才有可能从江南一直水运到北京城下，借以巩固北京作为全国统治中心的经济基础；往小里说，旧日北京城内皇家苑林的点缀、内外护城河的环流以及主要下水道的洗涤，也无不取水于高梁河。即使远在北京尚未成长为全国政治中心以前，高梁河已是近郊农田水利的凭借。总之，根据现有文字的记载，自魏、晋以降，北京城市的发展，都和高梁河有着血肉相连的关系。

唯其如此，高梁河的屡经导引，乃成为无可避免的事实。高梁河的上源，原在今紫竹院公园。但是，最早有一个时期，经过一段人工渠道（车箱渠）的开凿，现在永定河的流水，滚滚来注。后来，又经过另外一段人工渠道（长河或称玉河）的开凿，原来不相连接的昆明湖转而成为它的上源。至于它的下游，还在今城尚未奠址之前，就被当时的一条运河中断。随后，中游一段，又逐渐没入城区，因此古时旧迹，日益湮废，演变至今，竟无故道可寻。幸而靠了近年地下的发现，才能追踪古道，略复旧迹。所以，现在未经人工改造的高梁河，已经很难辨认，它的上源既被引长，下游又遭废弃。更重要的是元朝初年，更在它的中游兴建了一座大都城，也就是今日北京城最初的前身。以后经历明、清两代，河道又有改变。到了现在，就是"高梁河"三个字，也渐渐被人遗忘，只剩下西直门外以北的高梁桥，还保留着它的名字。不过明清以来，就是连这座桥的名字，也常被讹称为"高亮"或"高郎"，这是很不应该的。

饮水思源，旧日的北京城是大大受惠于高梁河的，所以溯其源流，穷其演变，乃是我们的责任，也是探讨北京城市发展时所绝对不能忽略的。以上所记，仅仅是个梗概，具体情节，还须续作专题讨论。须记得:"高梁河水碧弯环,半入春城半绕山。"(《石门遗稿》)读起来很明白,也很有诗意,但是认真追踪源流,辨析故道,却是大费周折的。

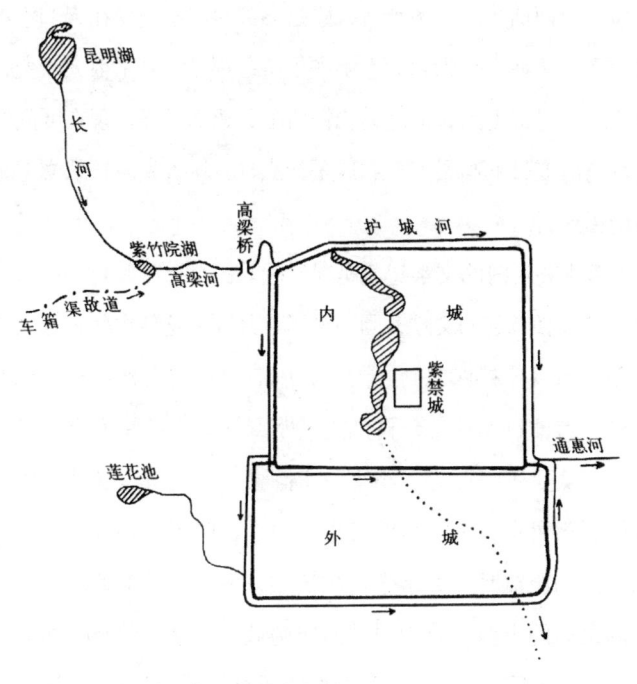

1949年以前北京城郊古今水道示意图

原载《北京日报》1961年9月14日

二

从北京西直门一直向西走,过了动物园,就是白石桥。白石桥下自西而东的一条小河,原是高梁河,不过现在人们不再称它作高梁河,因为它的上源和下游,都已经有了很大改变,这在上文已经提到,但是为篇幅所限,语焉不详。现在要问的是没有改变过的高梁河,到底是什么样?这首先应该从文字记载中去探讨。

关于高梁河的文字记载是很早的。去今一千数百年以前,就有好几种有关的文献,因为被《水经注》这部古代地理名著引用,所以才得保留到今天。其中有已佚的古籍,有失传的碑刻,有流行的谚语,再加上《水经注》作者郦道元自己的记述,真是不一而足。小小一条高梁河,竟有这许多年代久远的记载可资参考,自然可贵。但是这些记载,在记述古代高梁河的源流时,又常常互相抵触,使人困惑难解。例如关于高梁河的上源,有的说"源出蓟城(北京城前身)西北平地"(《水经注》卷十三,四部备要本,页二二),有的说源出灢水(今永定河)(同上,页二十),有的说源出并州(今山西北部)(同上,卷十四,页七),甚至还有的说"高梁无上源"（同上，卷十三，页二二）。其次，关于高梁河的下游，有的说"瀔水又东南，高梁之水注焉"（同上），有的说"［高梁］水又东至潞河（今北运河），注于鲍丘水（今潮河）"（同上，卷十四，页八），或说"鲍丘水入潞，通得潞河之称矣，高梁水注之"（同上，页七）。诸说如此分歧，郦道元又没有明文交代。为了把它弄明白，前人做过不少努力，清末有名的地理学家杨守敬可以作为代表。他不但写有《水经注疏》，而且还绘有《水经注图》，对于《水经注》的研究，很有贡献。但在高梁河这条小水的理解上，却难令人满意。如在《水经注图》中所见，他惑于高梁河源流诸说的分歧，竟把一条高梁河分作两条水，一条源出蓟城西北平地，下游注于瀔水；一条源出瀔水，下游注于鲍丘水。以为这样就可以调解诸说了。其实不然，问题不但没有解决，反而越弄越复杂。

解决这个问题的关键，在于明辨《水经注》中有关各说所指的高梁河，并非同一时候的高梁河。有的所指是未经人工改造以前的高梁河，有的所指是已经人工改造之后的高梁河，两者根本不同，不能混为一谈。因此，要解决古代高梁河之谜，首先应该复原未经人工改造以前的高梁河——或者说使高梁河的水道还它原始面貌。如果这个问题得到解决，则其他问题都可迎刃而解。

在复原高梁河的原始水道时，《水经注》中如下一段记载，特别重要：

> 灅水又东南，高梁之水注焉。水出蓟城西北平地，泉流东注，径燕王陵北，又东径蓟城北，又东南流，《魏土地记》曰：蓟东十里有高梁之水者也……（卷十三，页二二）

这里所记，应是高梁河未经人工改造以前的上源，因为它出自平地流泉，所以势极微弱；当时俗谚所谓"高梁无上源"者，正是这个意思，郦道元于此解释说："高梁微涓浅薄，裁足津通，凭借涓流，方成川圳。"（卷十三，页二二）这是十分确切的。

依照《水经注》文，高梁河发源之后，向东流经过蓟城之北，转向东南，又经过蓟城之东，相去十里，这是十分清楚的。不清楚的只是蓟城的位置。如果蓟城位置能够确定，那么高梁河的原始水道是不难恢复的。

蓟城就是北京城的前身，关于它的位置，这里不暇多谈。简单地说，《水经注》时代的蓟城，约当今北京外城的西北角，其故址半在今城之内，半在城外。现在西便门外的白云观，正当它的西北隅。

向蓟城故址西北探寻平地流泉,唯一可能是高粱河上源的,只有现今紫竹院湖泊的前身。原始的高粱河水道,自此东注,经过现在的白石桥下,迤逦而东,直到高粱桥,这段河道曲折,虽经历代疏浚,仍然呈现出平原上弯曲河的原始形态。就蓟城故址而论,这正是它的北方,只是附近的燕王陵已无踪影可寻。

自高粱桥而下,河流故道,转向东南,再斜穿现在北京内城的中部和外城的东偏。在外城东偏,可以确定西距蓟城十里的高粱河位置。不过从高粱桥以下到这里的一段河道,元明以来,逐渐没入城区,因此故道久湮,无复遗迹可见。只是出今外城东南隅,经十里河村附近,尚有干河床一道,直趋东南,经过实地勘查,曾怀疑这就是原始高粱河下游的故道,但又苦于没有明文证实。这段干河床东南与今凉水河相连,而凉水河就是古代灢水的故道,这又和《水经注》所说的"灢水又东南,高粱之水注焉",是完全符合的。

一桩偶然的发现,完全解决了这个问题。

1956年春天,永定门外以东安乐林的工地上,有一方唐朝姚子昂的墓志被发现,志称"葬于幽州城东南六里燕台乡之原",幽州城就是上文所说的蓟城,因为唐朝幽州的治所,设在蓟城,故有此称。此外,志文中还有这样两句话:

> 左带梁河，近瞩东流之水；右临城廓，西接燕王之陵。

墓地面南为阳，左东右西。"左带梁河"就是说墓地的东方为高梁河，因为文字对偶的关系，省去了一个"高"字。高梁河由北流向东南，故略称"东流之水"。"右临城廓"，就是说墓地的西方为幽州城或称蓟城，至于这里所说的"燕王之陵"，与上述引文中的"燕王陵"有别，故址在蓟城东南郊，去城不远，这是完全可以考订的。

根据以上所述，可以把高梁河的原始水道，全部复原如右图所示。

正是凭借了这条水道，北京今城所在的地方，远在一千七百年以前就开始了一个大规模的灌溉工事。这件事，在北京城市发展的历史上是不可忽视的，同时，在首都地理环境的改造上更是应该十分重视的。

以上的讨论，难免烦琐，但是不弄清楚高梁河的最初源流，是很难了解它相继而来的变化的。"打破砂锅问到底"，在探求事物的本源上，这不过是起码应该持有的态度，如此而已。

原载《北京日报》1961年10月19日
本次自《奋蹄集》选出

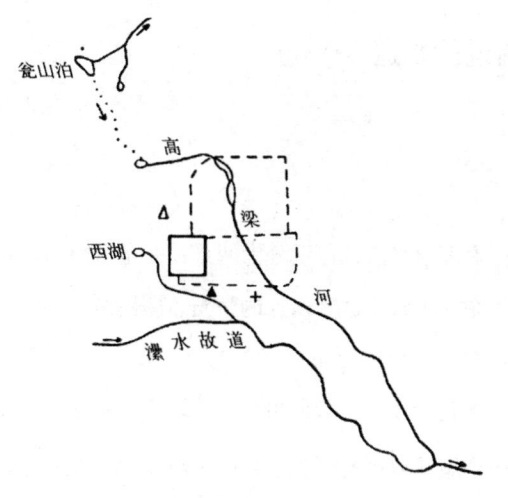

■ 蓟（幽州）、公元10世纪以前的京城
▩ 明、清北京城
…… 公元10世纪以后所开由瓮山泊（今昆明湖）至高梁河上源的渠道
△ 蓟城西北郊之燕王陵（故址无考）
▲ 蓟城东南郊之燕王陵（金筑中都城时已迁）
＋ 唐代姚子昂墓志出土处

未经人工改造的高梁河示意图

海淀附近的水道

海淀附近的水道，可以分为两系：一是玉泉山水系，一是万泉庄水系。玉泉山水系南流的一支，即昆明湖以下的长河，在蓝靛厂东与北流的万泉庄水系的上源相去不过1公里，而两水南北，各自分流，实为最可注意的现象。现在为方便起见，将以上两水系分别讨论如下。

一、玉泉山水系

玉泉山水系，源出玉泉山下诸泉，其总出水量，在冬季雨少的时候每分钟约计120立方米，如在夏季雨多的时候，约可两倍于此[①]。诸泉所出的水总汇于玉泉山东相去约1.5公里的昆

---

① 《北平市河道整理计划》，1934年9月，第11~18页。

明湖，其间地形约自海拔52米下降至50米，当中有分水闸一座以司蓄泄①。但在此闸以东，昆明湖西垣之外，另有支渠一道分水北流，经青龙桥下，流为肖家河。肖家河又东经圆明园之后，名曰清河，其下游合温榆河以入白河，这可说是玉泉山水系的北支。但是青龙桥下设有板闸，以节流水。在普通情形下，板闸以内的水位较之桥北河床经常高出至少2米，因之下泄之水，其声隆隆。假使青龙桥下的闸板全部提起，那么昆明湖的水位就会立刻下降，这是十分显明的。

玉泉山诸泉之水既总汇于昆明湖，因此乃形成一片碧波浩荡的大水面，其总面积约达130公顷。万寿山峙立于湖之北岸，石栏环绕，楼阁叠起，湖光山色，分外清丽。清末以来总称颐和园，是首都西北郊的第一名胜。

昆明湖的水主要由东南角绣漪桥下流注长河②，以入北京城，是城内河湖系统主要给水的来源。假使长河断流，水不入城，那么今天北京城内风景中心的三海必将枯竭。因此，从地理上来说，昆明湖不但是近郊的一大名胜，同时还是北京城最可宝贵的水库。青龙桥下之不能启闸放水，其原因就是要提高

---

① 此闸已由北京市人民政府卫生工程局于1950年改建。

② 另有支河一道，名曰金河，自玉泉山外高水湖（今已辟为稻田）绕行颐和园西墙之外，直注长河。

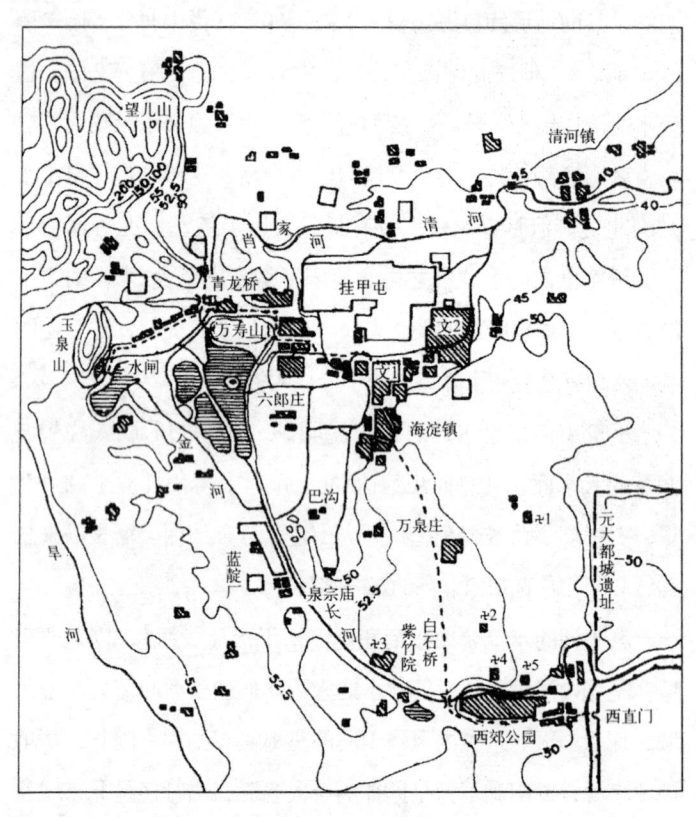

海淀附近聚落分布略图

文1　燕京大学　　　　文2　清华大学
卍1　觉生寺（大钟寺）　卍2　大慧寺（大佛寺）　卍3　万寿寺
卍4　五塔寺　　　　　卍5　极乐寺

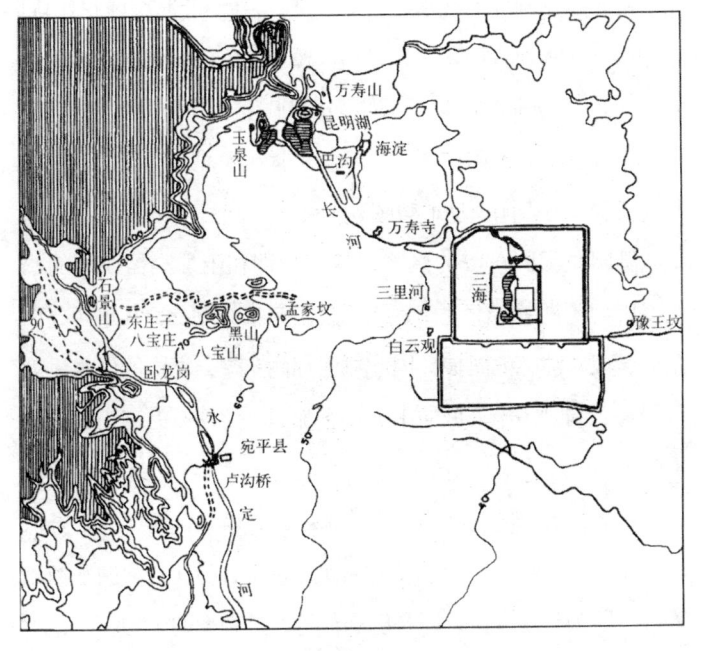

北京近郊地形

昆明湖的水位，使之可以畅流入城。

　　昆明湖东岸，长堤峻固，除用三合土修筑之外，复加石工，与西岸土堤相较，迥然不同。其原因在于东堤之外，地形陡然下降，其地面的平均海拔为48米，常在堤内普通水位以下至少1米。其间有二龙闸等泄水外出，以为堤外稻田灌溉之用。同时二龙闸外泄之水，另分一支，合颐和园大宫门前由后山湖南放之水，合而东流，经马厂桥下北入圆明园，为旧日园内给水的主要来源。其下流也与清河相汇（园内水道至为纷歧，未能在本文所附诸图中表示，其详可参见1936年实测《圆明、长春、万春园遗址形势图》）。

昆明湖强固东堤的修筑，其目的即在于提高昆明湖的水位。因昆明湖所在之处，正是玉泉山诸水的下游，其地西高而东低，成一陡降的斜坡。因此只要加高东岸，湖内的储水量就可增加，同时东南入城的水流也可加强（北岸有万寿山为天然堤障）。

其实，不但昆明湖的东岸特别高固，就是蓝靛厂以上长河的东岸，也是特别高固。设非如此，也不容易使长河的水畅流入城。因为长河以东，即是巴沟低地，其地面的平均高度，也在长河普通水位以下，因此在这一段长河东岸之下，也设有闸口数道放水东下，以灌溉巴沟低地西部的稻田，其末流又与万泉庄水系相合，转而北注，经燕京、清华两大学之间，北入清河。

以上可说是今日玉泉山水系的概况。但是其中有一点必须指明的，就是玉泉山水系这种分流的情形，完全是人工改造的结果，而不是原始水道的本来面目。其最显明的证据，除去人工修筑的昆明湖东堤以及长河东堤之外，还有一点，就是上文所说万寿寺前长河河道的开凿。假使此段河道不加开凿，那么昆明湖水纵有强固的东堤以提高其水位，也断无向东南流以入北京城的可能。为什么呢？因为这一段河道所开凿的地带，其平均海拔高达52米以上，而昆明湖东堤的平均高度刚足海拔50米，其普通水位犹在此下1米。就是玉泉山前分水闸所在之处，其海拔也只有51米，还在万寿寺前高地平均高度之下约1米。由此可见万寿寺前长河河道的开凿，乃是人工改造玉泉山水系的一个重要措施。假使这一段的河道不开，那么今日所谓玉泉山南系的水，势必全部流向东北，以入清河。今日清河上有清河镇，在海淀东北约6公里。由清河镇至玉泉山的距离与由西直门外白石桥至玉泉山的距离，约略相等。但白石桥海拔在50米以上，而清河镇尚不足40米，水性就下，凡今日海淀一带未经堤工阻障之水，或昆明湖及长河东堤泄出之水，必然流向东北直注清河，乃是显而易见的事；而长河之东南流，以入北京城，反属极不自然。

讨论至此，就引起了两个极有兴趣的问题：万寿寺前的长河河道究竟是什么时候开凿的？其开凿的动机又如何？这都是北京历史地理上极其重要的问题，这里虽不能详细讨论，也当略加说明。但在说明之前，必须补充一点，即万寿寺以东，海淀台地南界之下，原有小河一道，其上源当出今紫竹院前的小湖（其中有泉），下游就是白石桥以下长河的河道。证以郦道元的《水经注》，这一道小河就是古代有名的高梁河[①]。西直门外以北长河之上有桥曰高亮桥，按"亮"当作"梁"，就是从这道古河而得名。

古代高梁河的下游，在北京今城尚未建址以前——即元忽必烈（世祖）至元四年（1267）以前——就业已流经今日北京内城什刹海与北海所在之地，就其下降之势，积成沼泽与湖泊。到了整整八百年前——即金完颜亮（海陵王）天德三年（1151）——金朝建都北京的时候，其城尚在今日内城的西南方，大致即相当于今日外城的西部。当时还没有"北京"的名称，通常叫作"燕京"，号称"中都"，是因袭了辽朝的"南京"城而加以扩大的。中都既建之后，完颜雍（世宗）更征用劳动人民于城北高梁河上，就其原有的湖泊，加以开凿与整理，开辟为近郊一大风景中心，并建离宫于其旁，号曰太宁宫，这就是今日北海公园的前身[②]。当时太宁宫和中都城的关系，可与晚清颐和园和北京城的关系相比拟。

---

① 《水经注》卷十三，四部备要本，页二二。
② 事在大定十九年（1179），见《日下旧闻考》卷二九，页十七。

根据间接史料的推证，可以知道万寿寺前长河河道最初的开凿，就是在太宁离宫修建的时候①。其原因在于高梁河小，给水不足，因此只有开凿新河，导引玉泉山水转而东南，用以接济高梁河的上源，结果就接近了长河河道的形势。到了元朝初年，更以太宁离宫为设计的中心，创建了今日北京内城的前身大都城②。当时水利大家郭守敬导引昌平县白浮村神山泉③以下之水，西转而南，汇于瓮山泊（即今昆明湖的前身），然后用金人所开故渠，导水入高梁河，而至于城内积水潭（今什刹海），更穿城至通州，以接白河，名曰通惠河。高梁河之名，从此逐渐湮废。通惠河上游自瓮山泊以下至大都城的一段，就是今日所见的长河河道。至于白浮南下之水，明朝初年业已断流。清朝乾隆初年（十五年至十七年间，1750—1752）又大开瓮山泊，增筑东堤，以广其容水之量，改称昆明湖④，以至于

---

① 详见侯仁之：《北平金水河考》，载《燕京学报》第30期，1946年6月。
② 筑城在元忽必烈（世祖）至元四年（1267），曰大都城。明初略加改造，先去其北部，又展其南墙，遂成今日北京内城之状。所废北墙遗址，今日依然可见；南墙故址所在，即今之东西长安街。
③ 神山泉即昌平县城东南白浮村龙王山龙泉寺之泉，出水甚旺。
④ 瓮山泊原由瓮山而得名，瓮山即今之万寿山，系乾隆十六年所改。昆明湖之命名，疑本于汉长安城西郊之昆明池。昆明池系刘彻（汉武帝）所开（《三辅黄图》，丛书集成孙星衍校本，页三八），乾隆刻意模仿刘彻，此其一证。

今。同时绣漪桥下长河东岸的三合土堤,大约也就是这时所筑成的。

根据以上的讨论,可知今日玉泉山水系的分流,完全是过去八百年间历经人工改造的结果,其目的在于杜绝玉泉山水下注东北的自然趋势,转以闸坝堤工挽而东南,以入北京城内。其设计之周详,操纵之自如,可以说是北京近郊以人力改造自然的一个杰作。

二、万泉庄水系

万泉庄水系导源于万泉庄西南巴沟低地的上游。万泉庄在海淀镇南约1.5公里,正当海淀台地最高处的西陂,地势陡然下降。就庄之西口俯瞰巴沟低地,田塍棋布,溪流纵横,较之海淀北口所见,更近乎江南景色。

巴沟低地的上游,成一半圆形承水盆地的状态。50米的等高线环绕在东西南三面,唯当中为一南北纵长约1公里的土堤所分隔。这道土堤高出地面甚高,连同土堤以北巴沟村以南的环形土丘,以及盆地南端起伏的土岭,都是人工堆积的结果,其目的在于开辟附近的水田。因此巴沟低地上游的半圆形承水盆地状态,主要的还是用人力改造的地形,这是没有疑问的。

不过，这里应当注意的，乃是这一带用人力改造的地形，本来就是一片洼地，其间有若干泉流，平地涌出，中心所在就是泉宗庙附近的地方。按泉宗庙建于清乾隆三十二年（1767），现在只有土台遗址，指其所在。当时附近诸泉曾经命名的即有二十八个，今多湮塞[①]。唯有自流井出水甚旺，并有长河东堤泄出之水，助长流势。

当附近稻田未经开辟以前，泉宗庙左右的泉水，汇而北流，顺自然的地势，以至海淀镇的西方，从这里更汇合了玉泉山经瓮山泊东来之水（这是就未加人工整理以前的情形而言），东北直趋清河。此种流势，在人工未加整理以前，乃是极其自然的。这样常年经流的结果，遂将今日海淀台地以西的地面，逐渐侵蚀，以后又继以人工的开辟，就成了今天所谓"巴沟低地"的低陷地带；而海淀台地与长河以西同一高度的平原，遂被割裂，同时台地向北突出的形状也就造成了。

当巴沟低地逐渐形成而尚未有大量人工整治之前，其低部排水，极不通畅，常年积成湖泊，附近的地方，也多半沦为沼泽。其后因劳动人民的经营，一方栽植荷花开辟稻田，一方修

[①] 弘历《万泉庄记》，载《御制文集》第二集卷十，页十二至十四。据本地老人云，泉宗庙诸石材，皆为张作霖拆运至沈阳，以修筑其私人陵墓，当时人称"元帅陵"。

治沟渠便利疏导，前后历时数百年，卒使不利生产的湖泊沼泽化为京西有名的稻田。

在这前后几百年的创造过程中，万泉庄水系的变化调整，又直接影响到海淀附近聚落的发展。

原载《地理学报》第18卷第1、2期合刊，1951年6月
本次自《历史地理学的理论与实践》选出

颐和园话旧

一、瓮山与瓮山泊

颐和园是北京西郊最大的名胜之一,解放以来,经过不断的修葺,湖光山色,面貌一新,成为人民生活欣欣向荣的一个标志。

比起海淀诸园来,颐和园算是后起的。但是论起它的开发过程,历史也很悠久。其次,海淀诸园多是人造山水,而颐和园却独擅天然湖山之胜——这就是昆明湖和万寿山。今天荡舟在波平如镜的昆明湖里,或是登涉在万寿山上亭台楼阁之间,不能不使我们想起这湖山美化的由来。

清朝乾隆初年以前,万寿山原称瓮山,山前一带湖泊就叫瓮山泊。瓮山泊因为地处北京西郊,所以又称西湖。

瓮山的得名相传是因为在山麓曾经掘得一个石瓮,到了明朝嘉靖年间，这个石瓮就遗失了，但是瓮山之名却被保留下来。大约因为长期樵采的关系，明朝人的记载里已经称山上"童童无草木"（《帝京景物略》），又有人凭吊山下元朝丞相耶律楚材的坟墓时有"迢递荒山下，披榛拜古祠"（刘效祖：《瓮山拜耶律祠》）的诗句。可见明朝时候，瓮山上下，确已有些荒凉，但这并不减少山麓水畔的田园野趣。明万历年间蒋一葵在《长安客话》里写道：

> 瓮山人家傍山小具亭池，桔槔锄犁，咸置垣下，西湖当前，水田棋布，酷似江南风景。

这里虽然寥寥三五言，倒也描绘出一幅极有情景的图画。所谓"瓮山人家"，当是指山前村落而言。这个小村落，大约有个百来户（见《帝京景物略》），名叫碾庄（见《明一统志》）。清初查慎行有诗句说："瓮山西北巴沟上，指点平桥接碾庄。"（见《敬业堂集》）就是指的这里。其位置大约在今乐寿堂左近一带，后来乾隆在这里辟治园林，就干脆把这个村庄给迁掉了。自然，那时老百姓是敢怒而不敢言的。

但是，当时这里的田园景色，最值得称羡的还不在山，而在湖。《宛署杂记》记西湖说：

> 西湖在……玉泉山下,潴而为湖十余里,荷蒲菱芡与夫沙禽水鸟出没隐映于天光云影中,实佳景也。

这一带佳景,一如海淀诸园尚未开辟以前的情况一样,经常是游人流连忘返的地方,他们不但留下很多诗篇,也写下不少游记。例如明朝中叶颇有文名的宰相李东阳在一篇《游西山记》的散文里,就曾经这样写道:

> [西湖]方十余里,有山趾其涯,曰瓮山。其寺曰圆静寺。左田右湖,近山之境,于是始胜。(《怀麓堂集》)

圆静寺的故址,就是现在排云殿所在的地方。当时从寺前一直向南,有一道大堤,经过现在湖中的龙王庙,直趋蓝靛厂。这条大堤,通称西堤。傍着西堤有一条水渠,把汇集在瓮山泊中的水,一直引向北京城,这就是现在长河的前身。

清初以前的京城游人,如果出西直门,则多半是沿着这条小河经由今天的高梁桥、白石桥、万寿寺、蓝靛厂,然后步上西堤,过龙王庙直到瓮山之下圆静寺前。这条大堤以西就是瓮山泊,大堤以东、碾庄以南,则是水田棋布,与今日玉澜堂前波浪汹涌的情景迥然不同,所以李东阳的游记称圆静寺前"左田右湖",就是这个原因。至于宋启明的《长安可游记》所说"瓮山圆静寺,左俯绿畴,右临碧波",则直可看作是"左田右湖"一语的注脚。说到当时龙王庙,位在西堤之上,其东也只有稻田,而无波涛,当然更没有现在的十七孔桥了。

因为清初以前的游人,多沿西堤前来湖上,因此关于西堤的记载也很不少。所见万历年间名画家李流芳的游记写得就很清楚:

> 出西直门过高粱桥,可十余里,至元君祠(按即今蓝靛厂之碧霞元君祠),折而北,有平堤十里,夹道皆古柳,参差掩映,澄湖百顷,一望渺然,西山匋匋,与波光上下,远见功德寺(按在玉泉山与青龙桥之间)及玉泉亭榭。朱门碧瓦,青林翠嶂,互相缀发,湖中菰蒲寒乱,鸥鹭翩翩,如在江南图画中。(《游西山小记》)

当时在文学流派上以"公安体"见称的袁宗道也尝写道:

> 西湖莲花千亩,以守卫者严,故花事特盛。步长堤(按即西堤),息龙王庙,香风绕袖。至功德寺,水渐约,花亦减矣。

这道西堤的修筑，在北京城水利开发的历史上颇有一些来由，留待下文再谈。至于明人关于西堤的记载还很多，都不外说从西堤上观赏湖山胜景，如何如何美不胜收。只是现在从城里到颐和园的人，都取道海淀，再不走这条老路，这大约从乾隆以后就已如此。但是从蓝靛厂以上，堤身依然坚实高厚，有朝一日把它修复起来，兼作行人大道，那么游人可以从西郊动物园沿长河径赴颐和园。如果长河再经疏浚，那么还可以从紫竹院公园上游万寿寺或附近更为合适的地方，乘游艇直到昆明湖。到那时候，溯流直上，迎面而来的山光水色，溢于眉睫。看起来京颐公路上的沿途风光是无论如何也难与媲美的。这种设想，并非奢望，只要我们掌握了更加丰沛的水源，并且满足了生产上的需要之后，这是不难实现的。

原载《北京日报》1961年6月8日

二、昆明湖的变迁

清乾隆十五年（1750），瓮山改名万寿山，瓮山泊改名昆明湖，但是，从瓮山泊到昆明湖，并不只是名称的改变而已，还包括着湖泊本身的改变。

这湖泊的改变，并不是从乾隆年间才开始的。瓮山泊最早的时候，原是玉泉山和瓮山山麓的一些泉水汇集而成，然后随着自然地势，由瓮山之阳流向东北，这就是清河最初的上源。泊中的水，既不北出青龙桥（今清河上源），也不南通高梁河（今紫竹院以下的长河），和今日昆明湖的情况是迥不相同的。

到了12世纪中叶金朝建都北京（当时称中都或燕京）之后，才第一次开凿了由瓮山泊南通高梁河上源的人工渠道，这就是今日紫竹院以上长河最初的前身。不过现在的北京城那时还不存在，只有金朝一所离宫，修建在今日北海公园所在的地方，名叫太宁宫。太宁宫的主要建筑都在琼华岛（今白塔山）上，而琼华岛周围的湖水则是靠了高梁河来接济的。因此，金朝开通瓮山泊至高梁河的水道，主要目的就是要把玉泉山以下的泉水引到太宁宫。

13世纪中叶元朝定都北京之后，不但以金朝的太宁离宫为中心，经过详细的规划，建造了一座规模宏伟的新城——大都城；而且还远从昌平县引来白浮泉水，西折南转，汇合沿途流水，直注瓮山泊，而后再循金人所开故道，更加疏凿，流到新城。其主要目的是接济漕运，因而命名通惠河。实际上，这就是南北大运河最北一段的上源。当时经营辟划这一工事的，就是元朝科学家郭守敬。正是在这一次工事中，瓮山泊大大改变了它原来的面貌，不但水势顿呈浩渺，而且开始具备了一个水库的作用。当初，金人引导瓮山泊之水南通高梁河，应该已经筑有大堤，否则不足以障水南行。到了元朝，必然又加高加固。这个大堤就是明人记载中所说的西堤。

元明易代之际，白浮水道无人修守，加之明初建都南京，北京也就再没有引水以通漕运的要求。以后永乐重新迁都北京，而白浮泉水早已不通瓮山泊。等到明陵（今所谓十三陵）的陵域被选定后，也就更不能允许有流水横截陵域前方，因此终明一代再没有引用白浮泉水。相反地，当时瓮山泊中的水，转而北流，这就是今日所见青龙桥下的情况。

明朝仅仅依赖玉泉山附近诸泉汇集瓮山泊，流注北京城，因此湖中水势大不如前。清朝乾隆皇帝面对了这一情况，才又决心开浚瓮山泊，尽可能来提高它的蓄水量。这时虽然也未能北引白浮泉水，却把西山碧云寺和卧佛寺附近的泉水，经过石槽的导引，流经玉泉山，汇注昆明湖。昆明湖的面积大为扩展，其中最重要的一个措施，就是把原先瓮山泊东岸的大堤完全毁掉，把湖面再向东开拓，一直到达邻近耶律楚材坟墓所在之地，然后沿着开拓后的湖岸，重筑一条新堤，这就是现在昆明湖的东堤。东堤上立有一块昆仑石，刻有乾隆手题的《西堤诗》，诗中有"西堤此日是东堤"一句话，就是这个变化的说明。

当时虽然把旧有的西堤毁掉，而明人记载中所屡屡提到的堤上龙王庙，却被保留下来，改筑为湖中的一个小岛，并在岛的东岸新建了一座大石桥，势如长虹，直达对岸，这就是现在的十七孔桥。为了美化这个小岛，又仿照黄鹤楼的样式兴建了望蟾阁（今称涵虚堂），阁外还增筑了鉴远堂、月波楼等。至于龙王庙本身，自然也经过一番修缮，并改称广润灵雨祠。但是龙王庙的旧称却始终未废，而且现在大家把整个小岛都叫作龙王庙了。

瓮山泊扩大为昆明湖之后，乾隆颇为扬扬得意，亲笔写了一篇《万寿山昆明湖记》，刻石镌碑立于现在佛香阁以东的转轮藏。记中说"新湖之廓与深两倍于旧"，这大概不错。又说："昔之海甸无水田，今则水田日辟矣。"这却有些不合事实。因为海淀之有水田，由来已久，而清初开辟海淀诸园，旧日水田，多被侵占，其面积不应该说是"日辟"，而应该说是"日减"。碑文所记，如果不是出于乾隆的无知，就是出于他的捏造。

原载《北京日报》1961年6月24日

三、凤凰墩与凤凰楼

现在昆明湖中的龙王庙,如前所述,原是瓮山泊堤岸的遗留。同样,龙王庙以南的凤凰墩,也是在开拓瓮山泊时有意留在湖中的一个小岛。

凤凰墩位在南湖(昆明湖南半部的通称),过此再往南去,就是昆明湖最南端的绣漪桥。从绣漪桥下流出颐和园墙外的小河,就是长河。乾隆曾出西直门,坐船沿长河直到昆明湖。当时船过绣漪桥,在水波荡漾中首先遇到的就是凤凰墩,为了装点这里的景色,乾隆仿照无锡惠山下黄埠墩的形势,修筑了这个小岛,并在岛上建造了一座高楼,就取名叫作凤凰楼。他在题作《凤凰墩》的一首诗里,就有"渚墩学黄埠,上有凤凰楼"的句子,可以为证。

现在,到昆明湖去的水路既已不通,一般人也很少来游南湖,因此南湖一带是比较冷清的。特别是凤凰墩上的凤凰楼,已遭破坏,现在只有一个后起的亭子,而小岛周围的石岸和雕栏,也都早被摧毁了。

凤凰楼是在什么时候被毁的,不得而知。清光绪十年(1884)已经完稿的《顺天府志》只载凤凰墩而不记有凤凰楼。我们知道，这个时候，恰当圆明园被英、法联军焚毁之后而慈禧尚未重修清漪园并改名为颐和园之前的一个时期。当时万寿山上、昆明湖畔，到处是外国侵略者掠劫破坏的痕迹，有的到今天也还依稀可见；例如，后湖苏州街的败壁、山顶智慧海的残痕、须弥灵境的故址、多宝佛塔旁的废墟，甚至廓如亭亭北铜牛身上的镀金，相传也是在英、法侵略者的掠夺中被刮削剥落的。我想，凤凰楼的被毁，也许是这个时候外国强盗干出来的。可是也有个传说，是道光时有意拆掉的。因为他生女多生子少，而凤凰是女人的象征，于是就下令拆掉，便只有墩而无楼了。

恰巧是在第一、二次鸦片战争之间刊刻行世的《鸿雪因缘图记》却有一幅凤凰墩与凤凰楼的插图，还足以使我们想见它被毁以前的景象。这部书看名字好似绣像小说，实际上却是作者亲身经历和见闻的记载。全书按时间先后分节编排，每节都有插图。其中有一节题为《昆明望春》，写的是嘉庆十四年（1809）春天，作者从绣漪桥旁窥探园中景色，迎面所见，正是凤凰墩与凤凰楼。凤凰楼的背后，还可遥见玉泉山以及耸立山顶的宝塔。真正是远山近景，都在眼前。

书中还有其他若干幅有关北京景物的插图，所绘景物有的现在还依然可见，以实际情况相与比较，可以证明它的描绘是很真实的。但是，也有的今天已不能见，只能从图中得其形象，凤凰楼就是一个例子。

《鸿雪因缘图记》的作者麟庆，是清朝嘉庆、道光年间的人，曾经做过江南河道总督，所著《黄运河口》《河工器具》等书，都有附图，可见他是很重视图说的。

原载《北京日报》1961年7月10日

本次自《奋蹄集》选出

明陵的水文[①]

  首都西面及西北面的山地区,是许多名胜所在的地方,明十三陵是这许多名胜中的一处。夏季一到,首都人民常常结队来游,在丛山环抱翠冈起伏之间,或者是在古老的山陵建筑的台地上,到处可以找到野外露营的好地方。春秋佳日,前来做一日之游的也常常络绎不绝。这一区名胜的特点,不仅在于它有明代帝王的一些巨大的陵寝建筑,同时也很富有地理上的趣味。它的东西北三面,峰峦耸立,如屏如障,只有正南一面开向北京城所在的平原,而且就在这开口之处,恰好有两座小山,东西并列,把这一带陵域封闭起来,形成了方圆将近40平方公里的一个小盆地。东边一座小山名叫龙山,西边一座小山名叫虎山。从北京来的大路,正是从这两山之间前进的。

---

  ① 原题《明十三陵》,经编者删节后,改为今题。

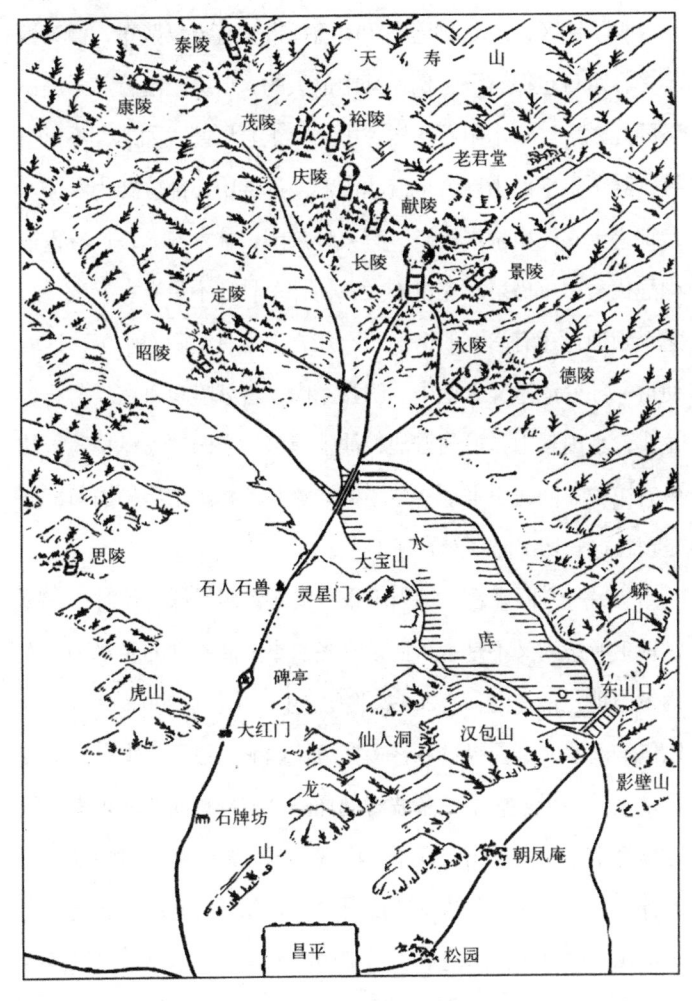

十三陵水库位置图

明陵地区，水源缺乏，在山麓地带虽有流泉散布，但为数不多，水量也很有限，例如其中最大的，要算昭陵背后翠屏山下的九龙泉。泉水出石灰岩隙中，其上岩层壁立如墙，不可攀登；其下泉水沿山麓台地流注山涧沙砾层中，部分转为潜流。台地之上农民引泉水灌溉，有菜畦果园，林木葱茏，风景也很幽静优美。可惜泉水流量不大，估计每秒还不足半立方米，加之个别地点还有渗漏的情况（石灰岩中常有缝隙漏水），这就使得一部分流水又入地中。明嘉靖中，曾就喷泉所在，凿石为龙头，水出其中，潴为方池，池上建亭，名曰"翠泽亭"，其旁有馆舍数间，史书上有"峭壁清流、茂林幽馆"的描写，但是现在这一切都已荡然无存了。

从另一方面来看，每当雨季，溪涧流水暴涨，这时十三陵盆地上所患的又不是水少而是水多。十三陵盆地的受水区域连周围山地包括在内，有200多平方公里，凡是这200多平方公里以内的雨水，都要经过许许多多急流湍涧，最后汇集在十三陵盆地上，终于形成了一条波涛汹涌的洪流，自西北而东南，斜穿盆地中心，向东山口以下的山峡奔腾而去。在流水特别大的时候，还要发出十分雄壮的澎湃之声，如万马怒吼，震荡着附近的山陵。每年雨季之后，盆地中心的旱河流水常常可以持续三四个月，有时入冬之后还不断流。

这样雨季山水的暴发，形成了极大的侵蚀力量，这只要看看十三陵盆地中心的荒凉景象，也就可以明白了。从龙凤门以内一直到长陵台地之间，地形陡然下陷，犹如一个宽广的河谷，谷内沙砾遍地，卵石累累，特别是在旱河的河床上，到处可以看到大块的漂石，如果沿着河床走上去，漂石愈来愈大，数量也愈来愈多，这都是侵蚀正在剧烈地进行着的征象。到长陵去的大路，必须横渡河谷，在河谷以内的旱河河床上，有两座古代石桥的残基，说明了河水冲刷的力量。现在的大路，只好绕过石桥残基，从河身中径直穿过，这一段路面，完全用水泥铺成，两边竖立水泥柱子，作为栏杆，可以稍稍减煞水势和拦阻较大的卵石下行。因此下大雨以后要到十三陵去，汽车就必须从湍流中驶过。在水流过大时，汽车渡河还有一定的危险。有一次某校满载同学的大卡车，强渡湍流，几乎酿成大祸。

从地形的演化来看，在地质史的近期，十三陵盆地曾被大量沉积物填充，形成一片平坦的小平原，其后，雨季洪水逐渐在盆地中心的沉积层中挖掘出一条河床，向今日东山口方向流去，日久天长，遂冲刷成今日盆地中心的宽广河谷。在东山口以下的山峡中有两岸对称高20余米的台地，十分有力地说明了这是河流切割的残余。

自然，在这一过程中，人为的对于这一带山林的破坏，也大大加强了流水侵蚀的力量。早期森林砍伐的情况，很难查考，但是从十三陵兴建以来这一带林木的破坏，却有了十分可靠的记载，例如清初爱国学者顾炎武，在他几次亲到十三陵之后曾经写道："自大红门以内，苍松翠柏，无虑数十万株，今剪伐尽矣。"（《昌平山水记》）这是多么严重的破坏！假如这数十万株苍松翠柏一直保留到今天，那么今日所见荒凉残破的明陵盆地还不是要变成了一片汪洋绿海？

　　现在为了制止水土流失的严重情况，陵域以内已经实行封山育林，这是十分必要的。此外还可利用十三陵盆地修筑水库，只要盆地岩层不致大量漏水，那么就可以在东山口以下的山峡中修筑一道长约半公里的拦河坝，并把龙山和虎山左右的几处平缓地段加以封闭，这就足以把雨季山洪连同四季不绝的泉流，一齐拦蓄在盆地里，积成一个人工湖泊。它的面积小可两三倍于万寿山的昆明湖，大可超过五倍。湖水深处可以达到一二十米。现在孤立于盆地上的小山，那时也就变成了浮在湖面上的小岛。这里应该附带提到的是东山口内，河谷中间，有一座巍然耸立的小山，名叫平台山，洪水暴涨的时候，这座小山正当中流。从构造上来看，它原本与西边山麓相连，后因流水冲击，竟把中间岩石较软的联系部分打断，终于形成了一座孤立的小山。现在每当雨季之后，立足在小山顶上，可以看到十三陵盆地上的狂涛怒浪，滚滚而来，极是壮观。明朝中叶尝在山顶建立圆亭一座，绕以玉石栏杆。现在只剩下乱草丛中一块完整的镌工精美的汉白玉石刻，往年繁华已成过眼云烟。如果十三陵盆地将来可以变成一片湖泊，那么这座小山，也一定会变为一个十分出色的小岛。

总之，假如修筑水库的意见能够成为事实，明陵一带也将成为首都附近一个消夏盛地和风景中心。我们可以想象，在翠山环抱之间，一片湖水，平远浩荡。在湖水沿岸的山麓台地上，除去古代陵殿之外，还将有若干疗养所、休息站或其他公共建筑物，点缀其间。湖岸浅滩可以开辟为广大的游泳场，辽阔浩瀚的水面上也可供无数游艇荡漾。这是一幅可能出现的美丽的远景。

原载《旅行家》1955年第8期

附 记

1955年秋我写这篇小文时，曾提出了两个建议：第一是利用十三陵盆地修筑水库，那时主要着眼点还在于点缀风景，后来十三陵水库动工修建，则首先是为了农田灌溉、发展生产。第二是希望长陵地宫可以打开，而当时还只能根据前人旧图草拟一幅《方城及地宫剖面示意图》。后来定陵的地宫（玄宫）作为试点首先被打开了，其构筑的宏伟，实出想象之外，由此可见十三陵（思陵应是例外）地下建筑工程的巨大。现在还有待于陆续开发。从这些地下宫殿的建筑中可以充分看出当时建筑艺术的水平以及劳动人民所付出的巨大代价。又我国古代建筑多系木构，而这些地下宫殿，则全系石工，为古建筑物独备一格，也是值得重视的。

记于1962年5月15日
本次自《步芳集》选出

现在的北京城最初是谁建造的？

> 北京，是我们国家伟大的首都，又是一座古老的名城。但是，北京城究竟是谁建设的呢？希望你们能帮助我知道这方面的情况。
>
> 读者　王文海

现在，作为人民的首都，北京城正在经历着空前未有的改建，它的规模日益扩展，面貌日新月异。不过这一切改建工作，还是在一定的历史形成的基础上进行的。北京城原本是一座规模宏伟的大城，它具有严正的规划和雄阔的气象。在历史上的封建社会时期，它确曾是世界各大城市中罕有其匹的一个杰作。对于这样一座极不平凡的大城，我们想追问一下它最初的建造者究竟是谁，也是完全应该的。自然，它的建成，首先要归功于劳动人民的胼手胝足，但是这期间还有那些良工巧匠，想来更是大家所想知道的。

要答复这个问题，首先要明确：历史上的北京城曾经有过多次的改建，至于现在的北京城，则是13世纪中叶在忽必烈（元世祖）的统治下最初营建的，当时叫作大都。到了15世纪初，即明朝永乐年间，又进行了一次较大规模的改建，从而奠定了今日北京"内城"的基础，而"北京"一名也就是从这时开始的。又过了一百三十多年，也就是明朝嘉靖年间，又加筑外城，旧日北京城的规模，终于完成。

现在要问北京城最初的建设者，应该从元朝大都城讲起。《元史》上只记载了一些领工修建的官儿，例如当时负责修筑宫城的顺天府官张柔及其子张宏略、工部尚书段天祐（见《世祖本纪》至元三年十二月丁亥条及《元史》卷一四七，张柔传）；负责修筑大城的千户王庆端（见《元史》卷一五一，王善传附）等。但是，很难说这些人是懂技术的。在《元史》以外的记述里，倒是讲到了两个极其重要的人，都积极参与了大都城的营建。第一个是曲阳县（今河北曲阳）阳平村的石工杨琼，另一个是阿拉伯人也黑迭儿。在当时一切工匠中，这两个人算是最为出类拔萃的。

杨琼的父亲杨德、叔父杨荣和哥哥杨进，都是石工，而杨琼的技艺尤为高超，很早就受到了忽必烈的赏识。忽必烈先筑上都（即开平城，在今内蒙古自治区多伦县），后筑大都，杨琼参加了这两都宫殿和城郭的营建（见光绪《曲阳县志》卷十七《工艺传》，这篇传是根据杨家墓碑写成的。又参见朱启钤：《元大都宫苑图考》，载《中国营造学社汇刊》第二期）。和杨琼同时参加大都修建的，还有同乡阎家疃村的石工王道和王浩兄弟，王浩的艺术造诣也很高（同见《曲阳县志》本传）。按石工、石材之广泛应用于宫殿建筑，元大都的修建是一个很重要的发展。从这一点来说，杨琼等不但在大都城的修建上功不可没，就是在中国建筑史上也是有一定贡献的。特别因为杨琼、王浩都是来自民间的艺术家，这就尤其值得我们纪念了。

其次，也黑迭儿也是很早就受知于忽必烈的。未建大都之前，他曾被任命管理"茶迭儿局"。"茶迭儿"就是"庐帐"的意思。到了至元三年（1266）八月忽必烈准备营建大都，就又命也黑迭儿"领茶迭儿属诸色人匠总管府达鲁花赤"，"达鲁花赤"就是"长官"的意思。"诸色人匠"就是局中其他中外各族工匠。同年十二月，也黑迭儿就和上文所说的张柔、段天祐正式受命负责修建大都城（见欧阳玄：《圭斋集》卷九《马合马沙碑》，也黑迭儿为马合马沙之父。又参见陈垣：《元西域人华化考》下册美术篇，《新元史》卷一三一本传作"也里迭儿")。按蒙古的兴起,曾经远征中亚,直到东欧,大大促进了东西方的交通和来往,所以当时中亚一带移居中国的颇有人在,而大都城的兴建,竟有外国工匠参加,这也是值得纪念的。当时欧阳玄记载说也黑迭儿所经营建造的宫殿、衙署、府第、苑囿,以及"崇楼、阿阁、漫庑、飞檐",都很有法度(《马合马沙碑》)。

最初参加建造北京城的良工巧匠,除去杨琼、王浩和也黑迭儿外,一定还有别的人,可惜其姓名事迹多已无考。旧社会轻视"劳力"者,因此他们的名字是很难见诸史册的。

根据以上的讨论,是否就可以说元大都城——现在北京城最初的前身——乃是杨琼和也黑迭儿等人所建造的呢?还不能完全这样说。因为大都城乃是一个经过了详细规划而后动工兴建的城市,而这个设计人则应该被认作是北京城最初的建造者中最为重要的一个,因为旧日北京城的规模以及城市布局特点,都是从大都城兴建的时候就定了下来的。明初的改建,只是把它做了进一步的发展而已。

那么,这个最初的设计者到底是谁呢?

根据一些仅有的资料来判断,最有可能的一个人就是刘秉忠。

刘秉忠原名刘侃,秉忠是忽必烈赐给他的名字。他是今河北省邢台人,少有才学,《元史》卷一五七本传说他"于书无所不读,尤邃于(精通)易及邵氏经世书,至于天文、地理、律历、三式六壬遁甲之属,无不精通,论天下事如指诸掌"。因此忽必烈非常喜爱他。当忽必烈还在蒙古高原的时候,刘秉忠已是他手下的谋臣。他曾奉忽必烈之命选址建造开平城,中统四年(1263)升开平府为上都。又过了四年(至元四年,1267),秉忠受忽必烈之命筑中都城,也就是后来所说的大都城。《元史》本传是这样写的:

> [至元]四年,又命秉忠筑中都城,始建宗庙宫室。八年,[秉忠]奏建国号曰大元,而以中都为大都。他如颁章服、举朝仪、给俸禄、定官制,皆自秉忠发之,为一代成宪。

这就是说不但大都城是秉忠所筑,就是元朝国号也是他所奏建,元朝开国的典章制度也无不由他所创立,甚至前此忽必烈之决心定都在这里,也是出自刘秉忠的建议(《续资治通鉴》卷一七七:"景定四年春正月,蒙古刘秉忠请定都于燕,蒙古主从之。"按景定为宋理宗年号,景定四年,即元世祖中统四年)。刘秉忠在当时可以说是忽必烈手下一个非常重要的人物了。

按秉忠之筑上都开平城，是从选择城址开始的，《元史》本传写得也很清楚：

> 初，帝命秉忠相地于桓州东、滦水北，建都郭于龙冈，三年而毕，名曰开平。

因此，这不是一般的领工而已，而且还包括了规划设计的任务。后来忽必烈"又命秉忠筑中都城，始建宗庙宫室"，想来也是如此。《析津志》曾记有如下一个传说：

> 世皇（指忽必烈）建都之时，问于刘太保秉忠定大内方向，秉忠以丽正门（相当于今天安门）外第三桥南一树为向以对，上制可，遂封为独树将军。（《日下旧闻考》卷三八引《析津志》）

从这个传说中也可看出秉忠在兴建大都宫殿时所起的作用。又从大都城的布局来说，其"宗庙宫室"的配列，实与《周礼·考工记》一篇所载帝都之制完全符合，也就是说大都城内正中前方为宫城，其后为市场，宫城之左（东）为太庙（元太庙约在今朝阳门内附近），右为社稷坛（元社稷坛约在今阜成门内附近），这正是《考工记》上所谓面朝、后市、左祖、右社的布置原则。秉忠深通儒家经典，大都城的修建可以说是他把《周礼·考工记》上有关帝都建设的理想布局予以具体体现的尝试。

根据以上的讨论，我们可以总结说：现在北京城最早的建造者，也就是为兴建元大都城做出了卓越贡献的人，其有名可考的，刘秉忠是一个最重要的总体规划的设计者，杨琼和也黑迭儿则是参加当时具体工程的中外工匠中最为杰出的代表，至于埋没了姓名的良工巧匠以及付出了自己血汗的广大劳动人民，也同样是功不可没的。个人知识有限，以上所论，难免贻误或考虑不周之处，还需读者指正。

原载《北京日报》1962年5月31日

本次自《奋蹄集》选出

元大都城[①]

一、从金中都城到元大都城

元大都城兴建之前,在北京城原始聚落的旧址上,经历了长期的发展,已经有一个大城兴建起来,这就是金朝的中都城。

金中都城周三十七里余[②],近正方形,故址略当今北京市宣武区西部的大半。只是北城垣在今西城区的南界以内,北距复兴门大街约一里。皇城偏在大城内的西部,故址在今广安门以南。皇城之内又有宫城。金自完颜亮天德三年(1152)建都于此,至完颜珣贞祐二年(1214)为逃避蒙古族的频频威胁而迁都汴梁(今开封),其间中都城作为金朝的国都共历

---

① 本文是作者为中国科学院自然科学史研究所主编的《中国建筑技术史》(科学出版社,1985年)"城市建设工程"一章所写专题之一的原稿。
② 实测周长18690米,见阎文儒:《金中都》,载《文物》1959年第9期。

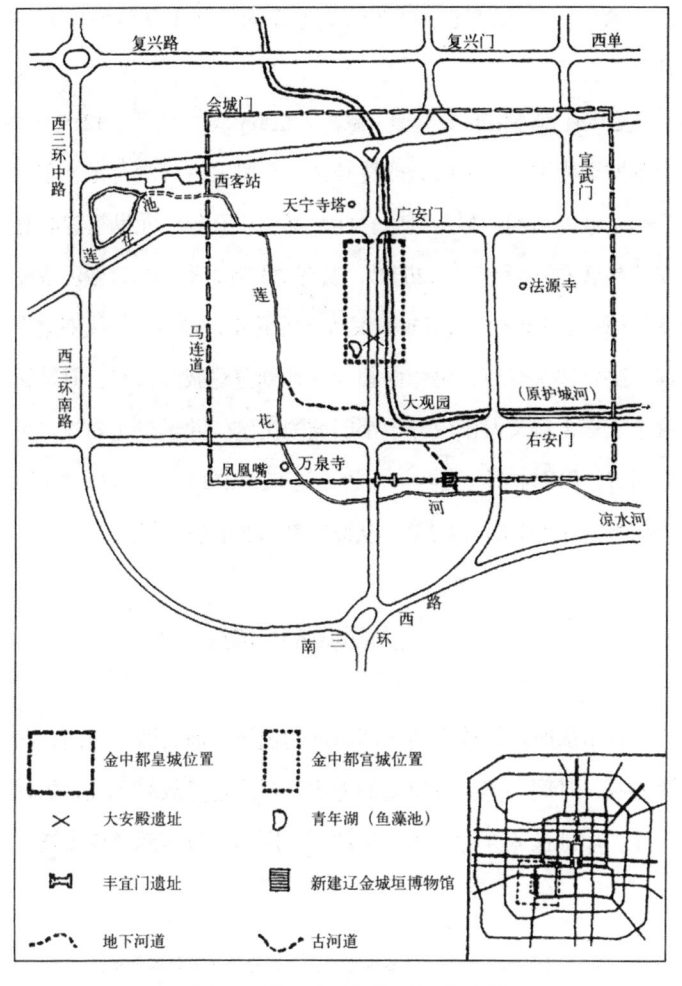

西南三环路以内金中都遗址示意图

六十余年，这也是北京城在历史上作为封建王朝统治中心的开始。

金朝迁都汴梁的第二年（蒙古太祖成吉思汗十年，1215），中都城即为蒙古兵所破，改称燕京。当时蒙古统治者无意在此建都，城内宫阙，尽遭焚毁。此后又四十五年，元世祖忽必烈初到燕京（中统元年，1260），虽有意驻守，而旧日宫殿已成废墟[①]。其后四年（中统五年，又改至元元年，1264），从刘秉忠议，决定建都燕京，仍称中都，并计划营建城池宫室。但是又过了三年，竟又做出放弃中都旧城的决定，并于东北郊外，另建新城，仍称中都。又四年（至元九年，1272），正式以"元"为国号，并改中都为大都[①]，从此中都旧城渐趋衰落。

二、元大都城址的选择

从中都旧址的放弃到大都新址的选择，前后数年之间，踌躇不决，其间必然经过反复的考虑。最后还是放弃旧址，另建新城。旧址被放弃的原因不难理解，因为昔日宫阙已成废墟，

---

① 《元史》卷一六〇，王磐本传称，元世祖忽必烈初到中都，"时宫阙未建，朝仪未立，凡遇称贺，臣庶杂至帐殿前，执法者患其喧扰，不能禁"。

但是为什么一定要选择大都城这一新址，由于史文缺载，无从得到直接的说明。只是从一些间接而零散的记事中，可以断定，当时选择大都城的新址，主要是因为这里有比较丰沛的水源，包括大面积的湖泊与清澈的泉流，既为新宫的建设保证了优美的环境，又为新城的水运提供了有利的条件，这些都是中都旧城所难与比拟的。这里姑举两事，作为证明。

第一，中都旧城东北郊外，原有一带湖泊沼泽，经过劳动人民的长期经营，逐渐开辟为一个富有生产价值的风景区。金朝统治者在中都城建立了行政中心之后，又利用东北郊外这片风景区进一步开浚湖泊，在靠近湖泊的东岸，积土为岛，命名琼华岛[①]。又以琼华岛为中心，兴建离宫，叫作太宁宫[②]。13世纪初，蒙古兵破中都，城内宫室焚毁，地处郊外的太宁宫幸得保全。因此，中统元年（1260）忽必烈初到中都，据《元史·世祖本纪》所载，他并没有住在城内，而是"驻跸燕京近郊"。实际上这个"近郊"的住处，就是以琼华岛为中心的太

---

① 元时地方故老相传，琼华岛为金人所筑。传说中虽夹杂一些神话，但浚治湖泊，堆筑岛屿的事是可信的。详见陶宗仪：《辍耕录》卷一，"万岁山"条。

② 太宁宫的兴建在金世宗大定十九年（1179）。见《日下旧闻考》卷二九。按太宁宫亦称大宁宫，后又曾改称寿安宫、万宁宫。

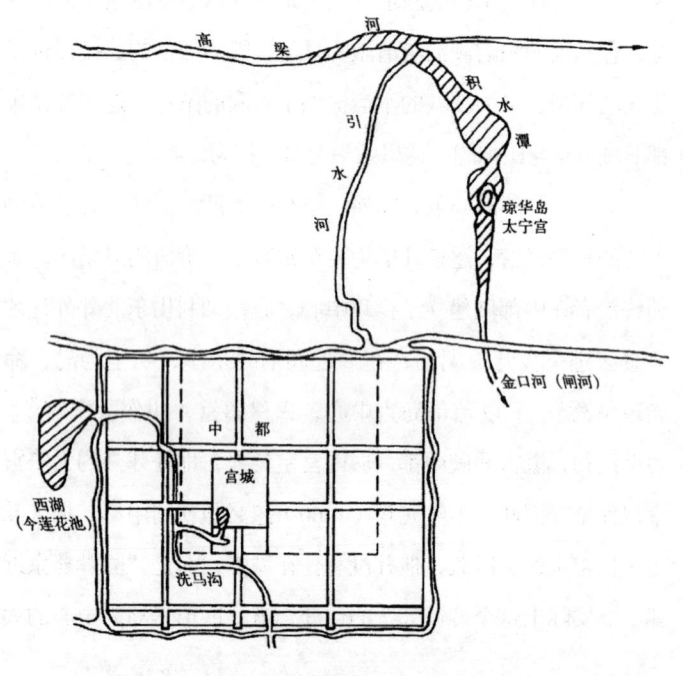

金中都及太宁宫附近河湖水道示意图

▫ 辽南京（燕京）城址，金中都三面扩大了辽南京城址

宁离宫①。至元四年决定另建新都,正是选择了太宁宫的湖泊为中心,在湖泊的东西两岸,分别布置了三组宫殿。宫殿位置确定之后,才开始规划大都城。

第二,中都旧城作为金王朝的统治中心,始终未能圆满解决的一个问题就是漕运。所谓漕运,就是要把统治范围内所聚敛的农田赋税中的一部分食粮,通过河道运输,集中到都城,以供应封建帝王的消费,及其庞大官僚机构的开支。金朝的统治范围,限于淮河、秦岭以北的部分地区,漕粮主要来自华北平原,经由今卫河、滏阳、滹沱、子牙、大清诸河,汇集到今天津附近,然后再由白河(当时称潞水)逆流而上至通州②。当时漕粮的数字,每年少则数十万石,多则百余万石,不靠水运,很难完成。但是从通州西至中都约50里,并无天然河流可以通航,只能开凿人工运河,却又遇到极大困难。因为中都城平均海拔高出通州约20米,白河之水不能西引,必须在中都一端寻找水源。中都城的地表供水,主要来自今北京城西南郊的

---

① 琼华岛上堆土成山,山上有仁智殿、广寒殿等建筑。中统三年初修琼华岛,见《辍耕录》卷一,"万岁山"条。至元元年再修。至元二年,供忽必烈饮宴时储酒用的玉瓮"渎山大玉海"雕成,转年为忽必烈专用的"五山珍御榻"也制成,都由忽必烈命令放在琼华岛广寒殿中,以上俱见《元史·世祖本纪》。由此可知,当时忽必烈在"燕京近郊"的住所,即是太宁宫中的广寒殿。

② 《金史》卷二七《河渠志》,"漕运"条。

莲花池，但莲花池水源有限，供应中都城内宫廷苑林的用水虽然有余，却远远不能满足运河用水的需要。金朝初年，只是利用中都东北郊外的高梁河，从中游开渠引水东至通州，沿渠筑闸节水，以济漕运，叫作闸河。但是高梁河也是一条小河，发源于今紫竹院公园，水量有限。大约就在此时，开始凿通了从今昆明湖通向今紫竹院公园的渠道。不过昆明湖在当时也是一个小湖，名叫瓮山泊，供水本来有限，因此济漕也很不利。最后，仍然只好靠陆运把集中在通州的漕粮，转运中都，每年所费很大。当时也曾从今石景山下开渠引永定河水东下，经中都北护城河东注闸河，叫作金口河。只是由于河床坡度过陡，水大则易于冲决，水小又不能行船，因此开凿之后，旋即废弃。总之，金朝一代，中都漕运始终未能顺利解决。这个问题在蒙古统治者准备迁都到这里时，不能不加以充分考虑。这里特别值得注意的是在忽必烈初到中都后的第三年，亦即中统三年，当时一位卓越的水利工程专家郭守敬，就曾提出改造中都旧闸河，别引玉泉山水以通漕的计划[①]。现在根据地形判断，当时导引玉泉山水济漕，也只有通过瓮山泊和高梁河，下接闸河。

---

① 《续资治通鉴》卷一七七，宋景定三年（蒙古中统三年）秋七月及八月条。

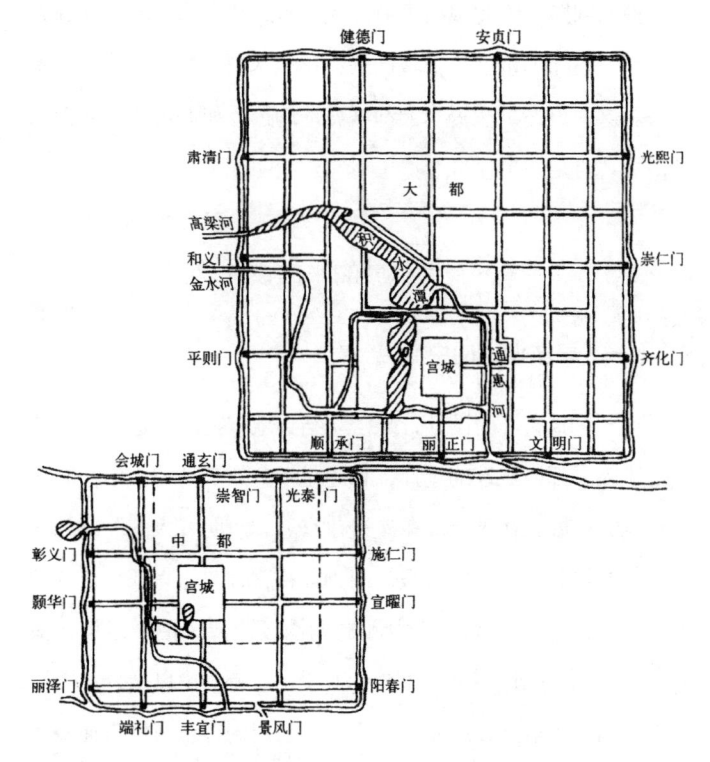

金中都城和元大都城城址位置图

其故道所经，正在太宁宫附近。因此，至元四年决定选择以太宁宫的湖泊为中心而规划新都时，也必然会考虑到同时解决水上运输的问题。因此根据水道源流来看，从中都旧城迁移到大都新城，实际上也就是把城址从莲花池水系迁移到高梁河水系上来。这一点，是在揭示大都城城址的选择和城市建设的特点时，所必须充分注意的。

三、大都城的平面设计

（一）皇城设计的中心

元大都城的平面设计，是密切结合地方特点来进行的。如上所述，大都城城址的选择，首先是考虑到以湖泊为中心的宫殿建筑的布局，在湖泊的东岸兴建宫城，也叫"大内"。湖泊的西岸，另建南北两组宫殿，南为隆福宫，北为兴圣宫，分别为皇室所居。三宫鼎立，中间的湖泊按照传统被命名为太液池。太液池中的琼华岛，也改称万岁山。万岁山以南，另有一个小岛叫作圆坻，也叫瀛洲，有长二百尺的白玉石桥直通万岁山。小岛上建有仪天殿，这就是现在北海大桥东端团城的前身。从圆坻建木桥接连太液池的东西两岸，从而在三组宫殿之间，建立了联系的中心。并以此为出发点，环绕三宫修建皇城，或称萧墙，也叫红门阑马墙。皇城之外再建大城（即外郭城）[①]。

（二）大城设计的中心

这里值得注意的是皇城设计的中心，并不就是大城设计的中心，因为皇城偏在大城南部的西半，而大城的设计，从城市平面图上加以分析，则显然是以太液池东岸的宫城为中心而开始的。宫城中心恰好位于全城的中轴线上，从而十分有力地突出了宫城的位置，显示了这个封建王朝统治中心的重要地位。宫城的位置既已确定，然后沿宫城的中心线向北延伸，在太液池上游另一处叫作积水潭的大湖东北岸，选定了全城平面布局的中心。在这个中心点上竖立了一个石刻的测量标志，题为"中心之台"，在台东十五步，约合23米处，又建立了一座中心阁。其位置相当于现在北京城内鼓楼所在的地方[②]。在城市设计的同时，把实测的全城中心做了明确的标志，在历代城

[①] 元建大都城，先从筑宫殿开始。参见赵翼：《廿二史札记》卷二七，"元筑燕京"条。

[②] 中国社会科学院考古研究所徐苹芳同志根据钞本元代熊梦祥：《析津志辑佚》（北京古籍出版社，1983年）第104页，抄示如下一条："中心台在中心阁西十五步，其台方幅一亩，以墙缭绕，正南有石碑，刻曰'中心之台'，实都中东南西北四方之中心，在原庙之前。"原庙所指即大天寿万宁寺。

市规划中，还没有先例，这也反映了当时对精确的测量技术用在城市建设上的极大重视。

从中心台向南采取了恰好包括皇城在内的一段距离作为半径，来确定大城南北两面城墙的位置。同时又从中心台向西恰好包括了积水潭在内的一段距离作为半径，来确定大城东西两面城墙的位置，只是东墙位置向内稍加收缩。因此，大都城的东墙去中心台的距离较西墙为近，这一点除非经过仔细比较，是不容易觉察的。

由于上述布局的结果，大都城的宫城虽然是建立在全城的中轴线上，却又偏在大城的南部。这在我国历代封建都城的设计中，别具一格，其主要原因，就是为了要充分利用当地的湖泊与河流。这也说明了对于城市水源的重视。关于这一点，下文还要结合城内渠道与运河的开凿，再做进一步的阐述。

（三）城市街道坊巷的布局

大都城的中心点与外郭城四至的确定，对于整个城市街道坊巷的布局，起了决定性的作用。经过勘测，外郭城周长28600米，南北略长，呈长方形。南墙在今北京城东西长安街的南侧，北墙在今德胜门与安定门以北五里，尚有残余的遗迹可见。东墙与西墙分别和今东直门与西直门各在南北一条垂直线上。北面城门两座，东曰安贞、西曰健德。其余三面各有三门。东面三门自北而南曰光熙、崇仁（相当于今东直门）、齐化（相当于今朝阳门），西面三门自北而南曰肃清、和义（相当于今西直门）、平则（相当于今阜成门）。南面三门，正中曰丽正、东曰文明、西曰顺承。

每座城门以内都有一条笔直的干道，两座城门之间，除少数例外，也都加辟干道一条。这些干道纵横交错，连同顺城街在内，全城共有南北干道和东西干道各九条。其中丽正门内的干道，越过宫城中央，向北直抵中心台前，正是沿着全城的中轴线开辟出来的。从中心台向西，沿着积水潭的东北岸，又开辟了全城唯一的一条斜街，从而为棋盘式的干道布局，增添了一点变化。

上述纵横交错的干道，在城市的坊巷结构中起着不同的作用。其中占主导地位的是南北向的干道。因为全城的次要街道或称胡同，基本上都是沿着南北干道的东西两侧平行排列的。干道宽约25米，胡同宽只6~7米[①]。今天北京城内有些街道和

---

① 中国科学院考古研究所、北京市文物管理处元大都考古队：《元大都的勘查和发掘》，载《考古》1972年第1期。

胡同，仍然保持着元代的旧迹，例如从东四（牌楼）一条到东四（牌楼）十二条平行排列的胡同，就是最典型的一例。城市居民的住宅，集中分布在各条胡同的南北两侧，这样就使得每家住宅都可以建立起坐北朝南的主要住房。这一设计，显然是考虑到了北京气候的特点。北京地居中纬，又是季风影响十分显著的地方。这里冬季严寒干燥，多西北风，夏季炎热多雨，又以东南风为主。因此无论是为了冬季防寒和利用日照取暖，还是夏季便于通风和采光，都以坐北向南的住房为最相宜。所以从这一点来看，大都城城市街巷的布局，根据当时的生活条件来说，是合理的、科学的。

在全城的南北干道中，只有一条由于位置特殊，有着不同于一般干道的作用，这就是丽正门内沿着全城中轴线开辟的那条中心干道。关于这条干道，另作叙述。

大都城内萧墙（皇城）以外的居民区，又被划分为五十坊，坊各有门，门上署有坊名[①]。这些坊的划分并不是建筑设计上分区的单位，而是行政管理上的地段名称，因此是直属左

---

① 取《易经》"大衍五十"之义，全城定为五十坊，坊名是由翰林学士虞集拟定的，详见《日下旧闻考》卷三七、三八引《元一统志》及《析津志》。王璞子：《元大都平面规划述略》有考证，并有大都城内各坊分布图，载《故宫博物院院刊》1960年第2期。

右警巡院管辖的。这与唐以前的坊制名同实异。例如隋唐长安城内的一百一十坊，每坊各有围墙封闭，等于是大城之内又套筑了若干小城。大都城内不建坊墙，而是以街道作为主要界线，是开敞的布置。

各坊占地面积大小不一，与住宅用地的分配关系不大。当时直接关系到住宅用地分配的，还是坊内的胡同。按大都初建成时，凡是从中都旧城迁居新城的住户，用地大小是有严格规定的，而且富户和有官职的人家可以优先迁入。《元史·世祖本纪》就是这样记载的，至元二十二年二月，壬戌，"诏旧城居民之迁京城者，以资高及居职者为先，仍定制以地八亩为一分。其或地过八亩及力不能作室者，皆不得冒据，听民作室"。这一规定的目的，显然是要保持新城的市容。八亩一份的住宅用地，根据两条标准胡同之间的面积来计算，可以大致求得其分布情况。例如自东四（牌楼）三条胡同与四条胡同之间，从西口到东口正好占地八十亩，适可分配住户十家。

（四）大都城的河湖水系

大都城宫殿位置的选择既与太液池有密切关系，同时全城的平面设计，也是结合河湖水系的调整而进行的。大都城的主要设计人是刘秉忠①。早在决定兴建大都城以前五年，郭守敬曾建议利用玉泉山水引入高梁河。下注旧闸河以通漕运，实际上这件事也是与大都城城址的选择直接有关的。郭守敬专长水利工程和天文历算，精于测量，又自幼从学于刘秉忠②。因此可以设想在规划兴建大都城的工作上，刘秉忠和郭守敬是互有联系的。关于这一点，虽无明文记载，但是从大都城的平面设计与河流湖泊的关系中，也可以窥见一斑。

第一，大都城中的积水潭，当时也叫海子，是高梁河上的一带天然湖泊，其水面远较太液池为大。大都城未建之前，积水潭原是太液池的上游。在大都城的规划中，是有计划地在积水潭与太液池之间，填筑起一条东西大道，以便利东西之间的来往，从而人为地隔断了两者之间的联系③。

第二，大都城创建之时，在中心台正南、积水潭东岸表示

---

① 《元史》卷一五七，刘秉忠本传。

② 《元史》卷一六四，郭守敬本传。

③ 最初当是以土堤隔断，在土堤上开辟东西大道，但是大道南北两侧，都有水浸，很不牢固，如《元史》卷六四《河渠一》就有如下一段记载："至治三年（1323）三月，大都河道提举司言：'海子南岸东西道路，当两城要冲，金水河浸润于其上（南），海子风浪冲啮于其下（北），且道狭，不时溃陷泥泞，车马艰于往来，如以石砌之，实永久之计也。'泰定元年（1324）四月，工部应副工物，七月兴工，八月工毕。"（着重点为本文作者加。）

全城中轴线的南北大道上，建有万宁桥（也就是现在地安门外大街上的石桥），桥下有新开的渠道，引水自积水潭东出南转，傍皇城（萧墙）东墙外南下，流出大都城，这就是后来被命名为"通惠河"的一段。在这条渠道未开之前，原始的高梁河故道，当自积水潭东出，然后转向东南，注入金朝的旧闸河。以后由于大都城的兴建，有意把高梁河的故道填塞①，并以万宁桥下新开的渠道，代替高梁河的故道。这又是改造原始河流的一例。

第三，在大都城内的西部开凿金水河，直接从玉泉山下引水，自和义门（今西直门）南水关入城②，曲折南下，转至皇城西南隅外，分为两支。一支北流，傍皇城西墙，绕过西北城角，转至皇城北墙外，折而向南，入皇城，注太液池。另一支正东入皇城，经隆福宫前，注太液池。然后又从太液池对岸东引，经灵星门内周桥下，又东出皇城东墙，与东墙外新开渠道相汇。按金水河一名不始于元，王三聘《古今事物

---

① 原始高梁河的这一段故道，湮埋在今日北京东城的地下，大约从地安门外大街的石桥附近，经过东四一带，从北京站所在处，流向东南。确切位置，有待勘查。

② 和义门南水关旧址，在今西直门南约120米处，是拆除西城墙时发现的。见元大都考古队：《元大都的勘查和发掘》，《考古》1972年第1期。

考》谓:"帝王阙内置金水河,表天河银汉之义也,自周有之。"①金水河上的周桥(或作州桥)一名,也同样是传统的旧称。由此可见大都城内金水河的开凿,是与宫阙的规划密切联系在一起的。

这里需要说明的是在大都城未建之前,郭守敬原曾建议引玉泉山水以通漕。在决定兴建大都城后,出于宫阙规划的要求,这才另开金水河,引玉泉山水直入皇城。当时济漕用水如何解决,史无明文,估计当是继续引用瓮山泊水,下注高梁河,经和义门北水关流入城内积水潭,因此新开的金水河与瓮山泊以下济运的旧渠道,在大都城外,各有固定河槽②,并分别从和义门南北两个水关入城。金水河完全是为宫廷苑林用水而开凿,老百姓不得汲用,因此在元初"金水河濯手有禁"③,是悬为明令的。

---

① 《古今事物考》卷一,国学基本丛书本,页八。
② 金水河有与其他水道相遇处,皆用"跨河跳槽",横越其他水道之上。《元史》卷六四《河渠一》,"金水河"条有如下一段,可以为证:"至元二十九年二月,中书右丞相马速忽等言,金水河所经运石大河及高梁河西河,俱有跨河跳槽,今已损毁,请新之。是年六月兴工,明年二月工毕。"按至元二十九年,正是郭守敬动工开凿通惠河之时,而金水河道已有损坏,可见金水河是早在兴建大都城时开凿的。
③ 《元史》卷六四《河渠一》,"隆福宫前河"条:"英宗至治二年五月奉敕云:昔在世祖时,金水河濯手有禁。"

以上三事，足以说明在大都城初建之时，是充分考虑了当地河湖水系的分布，从而进行了有计划的利用与改造，这是值得注意的。

大都城从至元四年（1267）开始兴建，到二十二年（1285）全部建成①，共历时十八年。

---

① 至元四年正月决定城大都，八年二月筑宫城，九年五月建东西华门、左右掖门。十年十月建正殿、寝殿、周庑等。十一年正月宫阙告成。二十二年六月修完大都城。以上均见《元史·世祖本纪》。

明清北京城

一、大都旧城南北城墙的迁建

明初建都南京,洪武元年(1368)大举北伐,攻下元大都,改称北平。元朝末代统治集团退走蒙古高原,伺机南下。明朝驻军为了便于防守,遂将大都城内比较空旷的北部放弃,并在其南五里另筑新墙,仍然只设两个北门,东曰安定、西曰德胜。同时又分别改称东墙的崇仁门与西墙的和义门为东直门与西直门。

到了永乐元年(1403),改北平为北京,四年着手营建北京宫殿城池。十八年(1420)宫阙告成,正式迁都北京。在此前一年,又把北京南城墙向南推移了二里,仍开三门,名称如旧。正统元年(1436)开始修建九门城楼,四年完工,遂改称丽正门为正阳门、文明门为崇文门、顺承门为宣武门。同时又把东西城墙的齐化门与平则门，分别改称为朝阳门与阜成门[①]。九门名称保留至今，这就是旧日所说的北京内城。

二、外城的修建

到了明朝中叶，由于蒙古族的骑兵多次南下，甚至迫近北京城郊，进行扰掠，遂屡有加筑外郭城的建议[②]。直到嘉靖三十二年（1553），终于筑成了包围南郊一面的外罗城，也就是旧日所说的北京外城。原议环绕京城四面，一律加筑外垣，由于物力所限，只修成了正南一面[③]，因为正南一面不仅有永乐迁都时已经建成的天坛和山川坛（先农坛），而且也是居民稠密的地区，特别是正阳门和宣武门外的关厢，接近中都旧城。当初中都旧城中未能迁入大都新城的居民，后来逐渐向大都南门外移动，集中居住在丽正门与顺承门关厢一带。永乐间展拓北京南墙，遂将南郊一部分居民圈入城中。但仍有大部居

---

① 以上参见明《成祖实录》、《明史·地理志》及清光绪《顺天府志》卷一，"城池"条。

② 如成化八年（1472）蒋贵议筑外郭城，见《明史》本传。嘉靖二十一年（1542）毛伯温又议筑外城。三十二年（1553）朱伯辰继续请建外城，见《顺天府志》卷一，引《明典汇》。

③ 详见明《世宗实录》。

民隔在新筑的南墙之外。嘉靖间增建外垣时，既无力大兴土木，就只好先把环抱南郊的城墙修建起来。结果就使得北京城在平面图上构成了一个特有的"凸"字形轮廓。只是这包入的居民区，多是曲折狭小的街巷，有的且形成为通向正阳门外的一些斜街，都是逐渐发展起来的，从未经过规划，与内城比较，是有明显差别的。其中只有一条东西向的干道，即现在的广安门内大街。这条大街原是旧中都城内贯穿东西的通衢，所以还显得比较宽阔。至于内城街道，较元时情况无大变化。只是在一些街巷胡同的内部，出现了逐步分割的现象，因而形成了一些不规则的小街、小巷和小胡同。

这里可以附带提到北京城内坊的变化。

明初迁都北京之前，城内共分三十三坊。迁都以后又加筑外城，或称南城。内城二十九坊，外城七坊，合计三十六坊，分属东、西、南（即外城）、北、中五城管辖。到了清朝，内外城共分十坊[1]，实际上已逐渐失去最初设坊的意义了。

---

[1] 朱一新：《京师坊巷志稿》卷上篇首，及卷下"旧坊附"条。

三、砖砌城墙

明朝前期,曾逐步把北京内城的土城墙全部用砖包砌[①],因而使城墙断面上下宽度的比例大为缩小[②]。城门洞也完全改为砖砌筒壳,这说明制砖业已有了较大的发展。又城门外面护城河上的木桥,在正统初年修建城楼时也都改建为石桥。两石桥间各有水闸,护城河水自城西北隅分水环城,历九桥九闸,从城东南隅入通惠河。此后城墙城门等曾屡经修葺,并多次加砖包砌。

明中叶加筑外罗城,开始即用砖砌,并开挖护城河,自西便门外分内城护城河水,环绕外城,从东便门以东流入通惠河。

四、紫禁城和皇城城址的移动

明初攻占元大都,在缩减北城的同时,又废弃了元宫城。永乐四年(1406)开始兴筑北京宫殿,十五年(1417)加速营

---

① 洪武初首先用砖包砌城墙外面,正统间又包砌了城墙内侧。
② 清代城垣做法,规定城墙断面上下宽度约为3∶2的比例。见《大清会典》及《城垣做法册式》。

造，十八年（1420）基本竣工，此后仍续有修建。当时首先完成的是紫禁城。紫禁城沿用元朝大内的旧址而稍向南移，周围加凿护城河，一律用条石砌岸，俗称筒子河。随后又展拓了旧皇城的南、北、东三面，从而扩大了紫禁城与皇城之间的距离。

明代整个宫阙虽然利用了元朝大内的旧址，但它的规划设计却是以南京宫殿为蓝本而进行的[①]，不过它的规模更加宏伟，布局更加严整。清朝继续沿用明朝宫阙，对建筑物大都进行了重修或改建，并且续有增建。

五、原有水道系统的破坏

明初改建北京城，虽然在全城的平面设计和宫阙的总体规划上，进一步发挥了为封建帝王服务的主题思想，取得了明显的效果，但是另一方面却严重地破坏了旧有的水道系统，完全截断了城内的水上交通，以致每年平均四百万石的漕粮和随船北运的江南百货，无法直接运入城中。造成这一情况的直接原因，是由于皇城的北墙和东墙向外推移的结果，把原在墙外的

---

① 清光绪《顺天府志》卷三，《明故宫考》。

一段通惠河故道包入城中，同时由于展筑大城南墙的结果，又把元大都城文明门外的一段通惠河故道，也包入北京内城之中。这样就等于把通惠河的最上游完全截断，从此江南的船只再也不能停泊在积水潭上。积水潭东北岸上的斜街一带（日忠坊），本是元朝最繁华的商业区，到了明朝也就无复当年盛况。积水潭本身也日益淤垫，湖面也逐渐缩小起来[①]。

其次，元朝大都城内通惠河的上源，从和义门北水关引水入城，宫廷御苑专用的金水河，从和义门南水关引水入城，两者分流，各不相干。直到皇城东南隅外，金水河才与通惠河合流。明初改建大城北墙，从西直门（元和义门）以北斜向东北，穿过积水潭上游水面最窄的一处，转向正东，新建了德胜门与安定门，并在德胜门西修建水关，作为引水入城的唯一孔道。金水河上游从此断流，只是在积水潭南端重开沟通太液池（北海）的渠道，因此明代的金水河，只剩下太液池下游的一小段，即从太液池南端新凿的南海，引水东下，绕过皇城门前，注入通惠河，别称外金水河。另外又从太液池北端（北

[①] 积水潭的主要部分，明时称为海子，又叫什刹海，不仅湖面已大为缩小，而且开始有水稻的种植，说明淤垫日甚。只是德胜门内大街以西的部分，仍叫积水潭，因北岸有净业寺，所以又叫净业湖。见清光绪《顺天府志·京师志》水道部分。

海）东岸开渠引水，经景山西墙外，南入紫禁城，下游与外金水河合流，叫作内金水河。

上述情况说明：从元大都到明北京，不仅城墙旧址屡有迁移，就是城内的河流水道，也有了很大的变化。导致这一变化的根本原因，就是水源的枯竭。

六、白浮泉水源的断绝

元初筑堰导引白浮泉水，流注大都城内积水潭以济漕运，这是北京自建城以来解决水源问题的一大创举，已如上述。其次由于开辟了白浮泉的新水源，才有可能另凿金水河，把玉泉山的泉水直接引入大都城内，专供宫廷园林用水的需要。但是到了明朝初年，因为建都南京，已无转漕北上的必要，以致运道失修，白浮断流，北京城内开始呈现出水源枯竭的现象。积水潭的大量淤积，也就是从这时开始的。

比至永乐年间迁都北京，漕运问题又重新提到日程上来。最初为了转运江南木材，曾有重浚白浮故道的建议，但是后来由于昌平城北兴建皇陵，白浮泉水的导引必须流经陵域的前方，才能自流入城，而堪舆家以为与地脉不利，以致重引白浮泉水以济漕运的计划，终未能见诸实行[①]。结果，终明一代，只是专靠玉泉山水流经瓮山泊，下注城内积水潭，然后分流，一支入太液池，又引出为内外金水河，以供应宫廷及园林点缀的用水；一支进入皇城，沿东墙内侧径直南下，出正阳门以东水关，入内城南护城河，然后流出东便门，汇入通惠河故道以接济漕运。只因水量有限，济漕无效，通惠河故道也逐渐淤塞。后经屡次开浚，仍然不能通漕，主要原因还是由于通惠河河床比降较大，只从疏浚下游用力，不从开源着想，其不能奏效，原是理所当然的。因此明代漕粮，仍是先由水运集中到通州，然后再从通州陆运到北京，等于是又回到了通惠河未开以前的情况，这不能不说是一种倒退。

七、主要的排水渠道和街道沟渠

明清北京城内的排水系统，同样是在元大都城的基础上发展起来，可惜的是对于大都城内以排水为主的明渠暗沟，记载不多。到了明朝，有关的记载增多起来。《明史·河渠志》称：正统四年（1439）"设正阳门外减水河，并疏城内沟

[①] 明成化七年杨鼎、乔毅奏疏，见《宪宗实录》。

渠"。可见城内沟渠已早有铺设。按正统四年是大规模修建北京城门门楼、大城四隅角楼，以及深浚城濠和改建桥闸最后完工的一年，护城濠的作用，不仅是一种防御工事，也是城内在上游供水和在下游排洪泄污的干道。德胜门西水关是从护城濠供水入城的上游，前三门外的护城濠，则是城内主要沟渠排洪泄污的下游。

城内主要沟渠，见于记载者有下列数条：

1. 大明濠，或称河漕：从西直门大街上的横桥（或称虹桥、红桥、洪桥）南下，直到南城墙下的象房桥，经宣武门西水关入南护城濠。

2. 东沟与西沟：分别从西长安街南下，然后汇合为一，继续向南至化石桥，经宣武门东水关入南护城濠。

3. 东长安街御河桥下沟渠，上接积水潭，为通惠河故道，下经正阳门东水关入南护城濠。这些沟渠都是顺自然地势自北而南的明沟，其中尤以大明濠与通惠河故道为最重要。此外，全城大小街道大都有相与平行的支沟。《明会典》有记载说：成化六年（1470）"令皇城周围及东西长安街，并京城内外大小街道沟渠，不许官民人等作践掘坑及侵占"①。可见街道沟

---

① 《明会典》卷二〇〇。

渠的分布，是很普遍的。

这里所谓"京城内外大小街道沟渠"，当是包括了前三门外的一带地方。这一带地方早在外城修筑之前已有民居，大小街道多系逐渐发展起来的，事先未经规划，因此所有沟渠的分布，当不如前三门以内的普遍。至于跨越街道之间的主要排水渠道，也有三条：

1. 龙须沟：从山川坛（先农坛）西北隅外的一大苇塘东流，穿过正阳门大街的天桥和天坛的北侧，又绕至天坛东面，曲折蜿蜒，经左安门西水关入外城南护城濠。这大约是在永乐年间兴建天坛与山川坛时，利用原有的低洼地带疏导而成。龙须沟一名，是后来才见于记载的。

2. 虎坊桥明沟：从宣武门以东护城濠南岸的响闸开始，南经虎坊桥至山川坛西北隅外的苇塘。

3. 正阳门东南三里河：正统初年修浚护城濠时，从正阳门以东护城濠南岸开渠，东南经三里河，下游入龙须沟。

外城这三条主要沟渠，都直接或间接起着排泄前三门护城濠余涨的作用，实际上是内城排水系统的一部分。

到了清朝，北京内外城的沟渠又有增加。最主要的是内城沿东西城墙内侧，各开明沟一条。西城墙内侧的一条，从西直门经阜成门至城西南隅的太平湖；东城墙内侧的一条，上源从安定门以东北城墙内侧开始，至城东北隅转而南下，沿东城墙内侧，经东直门、朝阳门，直到城东南隅与泡子河相接。泡子河乃是元朝通惠河残存的一段。当时泡子河与太平湖都有"水库"之称，因为两者都是消纳雨潦的去处。泡子河的积水，可由崇文门内东水关排入护城濠。

外城增辟的主要沟渠，一是三里河以东从大石桥至广渠门内的明沟，一是崇文门东南横亘东西的花市街明沟。这两条明沟在下游汇合后，北入东便门内护城濠。这一带的沟渠，显然是居民区逐渐扩展到这里之后，才开始形成的。

根据清光绪《会典事例》所记乾隆五十二年（1787）北京内城"大沟三万五百三十三丈"，"小巷各沟九万八千一百余丈"[1]，其中绝大部分当为埋设地下的暗沟网。至于外城则缺乏统计数字，难以比较。总之，外城沟渠必少于内城，分布情况亦不如内城之普遍。

自北京大学院士文库《侯仁之文集》选出

---

[1] 清光绪《会典事例》卷九三四。

从北京到华盛顿——城市设计主题思想试探

北京和华盛顿是社会制度完全不同的两个国家的首都，但在城市的规划设计上，却各有千秋。从历史的发展来看，北京和华盛顿尽管在开始营建的年代上相去很远，但是在规划设计上，却各有自己深厚的文化历史渊源。北京城原有的规划设计，可以说是封建社会时期我国都城建设的一个杰出典型。华盛顿城中心部分的规划设计，从建国之初开始，就继承了自16世纪"文艺复兴"盛行以来欧洲城市建设的优良传统，堪称资本主义上升时期西方国家都城规划的一个光辉范例。

我国在封建王朝衰落之后，又经历了灾难深重的半殖民地半封建社会，现在已经进入了建设有中国特色的社会主义的新时代。

美国作为一个高度发达的资本主义国家，还在沿着它原有的道路徘徊前进，甚至伸张其势力于域外。

因此，这两个首都作为两个国家历史文化集中表现的地方，在其规划设计上所面临的问题，也就各不相同了。

在过去的规划设计上，北京和华盛顿既有形式上的类似之处，又有本质上的区别和差异。在形式上的类似之处，最突出的一点，就是两者从建城之始就各自选定了一条中轴线作为全城设计的出发点。在本质上的区别和差异，则在于两个城市在其最初规划设计上，由于社会性质的根本不同，所力图表达的主题思想，也就大不一样了。

一、北京城

（一）今城的建址与城址的演变

北京城原始聚落的起源，距今已有三千多年。早期的城址原在今城的西南部。今城的建设则是去今720年前（即公元1267年）才开始的。当时选择了古代高梁河上的一带天然湖泊作为中心进行规划设计，建设新城，这就是元朝的大都城。明朝初年又历经改建，始称北京。到了明朝中叶，也就是公元1553年，又在北京城南加筑外罗城，于是又有北京内城和外城之分，各有城垣环绕，合成"凸"字形，面积约计62平方公里。全城的平面布局，至此定型，并且一直完整地保留到1949年新中国的诞生，这就是今天所说的北京旧城。

在北京旧城建设的过程中，城内湖泊的南半部，从一开始就圈入皇城之内，作为皇家苑林的中心部分进行营建，并按照封建传统，命名为太液池。明初又在太液池南端新凿一湖，遂有南海、中海和北海之称，流传至今。至于被隔在皇城以外的原始湖泊的上游，原名积水潭。明朝初年，缩减北城，竟将积水潭的上游部分隔在城外，这就是在十年动乱期间才被填掉的太平湖。保留在城内的部分就是今天的什刹海，习惯上又分别叫作前海、后海和西海。前海的西南隅一部分也已被填为建筑用地。

总之，为北京旧城的建址提供了重要地理条件的原始湖泊，今天虽然已经不是本来的面貌，却仍然占有十分重要的地位，并且已经有贯通南北六海（即南部的南海、中海、北海和北部的前海、后海、西海）的设想，纳入北京城的总体规划之中。为了便于揭示北京旧城城市设计的主题思想，应将北京旧城河湖水系的变迁与城址的演变，作图说明。

（二）城市设计的主题思想

从下页图中可以明显地看到北京旧城的轮廓虽然从长方形到"凸"字形经过了几次变化，但是自北而南隐然存在的纵贯全城的中轴线，只有延长，并无改变。实际上这条中轴线，

1. 宫城
2. 皇城
3. 大宁宫（离宫）
4. 高梁河

中都（金）

1. 中心台（南为前朝，北为后廷）
2. 大内（当时称萧墙或红门阑马墙）
3. 皇城
4. 太庙
5. 社稷坛
6. 主要市场分布区
a. 积水潭（海子）
b. 太液池
c. 通惠河（大运河北段）

大都（元）

1. 钟楼（北），鼓楼
2. 万岁山（后改称景山，煤山）
3. 紫禁城
4. 太庙
5. 社稷坛
6. 承天门（后改称天安门）
7. 天坛
8. 山川坛（后改称先农坛）

北京（明朝前期）

（公元1553年加筑外城）

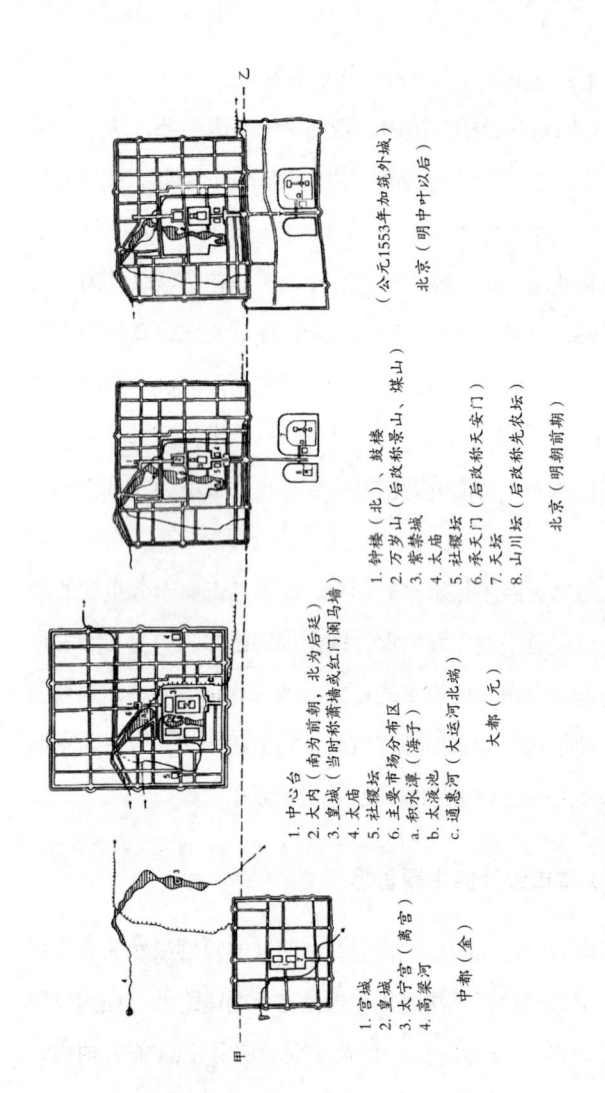

北京（明中叶以后）

（甲乙间虚线表示城址南北移动的相对位置）

北京旧城址变迁（金中都到明清北京）

小平原　大城市

也正是全城平面设计的依据。在内城是如此,在外城也不例外。因为外城城垣未建之前,就先已于1420年兴建了天坛和山川坛(后改称先农坛)这两组建筑。其东西并列的位置,显然是由内城中轴线的延长部分所决定的,后来加筑外城(1553年),终于出现了纵贯内外两城长达8公里的新轴线,并且给人一种整体感,好像内外两城是同时设计,一气呵成的。这也显示出"凸"字形的城垣轮廓,比起任何一种矩形轮廓(如元大都和明初北京城的轮廓),更能给人以一种稳定感。正是这种全城平面布局上的特点,从美学观点上引起了西方建筑学家和城市规划学者的无限赞叹。丹麦的S. E. Rasmussen称道说:"北京城乃是世界的奇观之一,它的布局匀称而明朗,是一个卓越的纪念物,一个伟大文明的顶峰。"[1]美国的E. N. Bacon又推崇它"可能是地球表面上人类最伟大的个体工程……它的平面设计是如此之杰出,这就为今天的城市建设提供了丰富的可供参考的实例"。同时他还曾用黄蓝两色把这条中轴线连同和它并列的一带湖泊,突出地显示在全城淡灰色的平面图上,给人以十分突出的印象[2]。然而更加值得注意的却

---

[1] Steen Eiler Rasmussen, *Towns and Buidings*, 1st MIT Press Paperback Edition, 1969, Preface, p. V.

[2] Edmund N. Bacon, *Design of Cities*, Revised Edition, 1980, p. 244.

是隐然支配着这整个平面设计的主题思想,从其建筑上来说有最重要的两点,须分别加以说明如下:

1. 城垣建筑与城市设计的关系

根据我国的历史传统,最初的城市,都有城垣,因此"城"这个字有双重含义,既指城市,又指城垣,有时还可用作动词,如《诗·小雅·出车》"城彼朔方",即指在朔方筑城,而城垣的修筑,又与整个城市的规划设计密切联系在一起。例如,成书于春秋时期(公元前770—前476)的《周礼·考工记》在"匠人营国"一节中,总结了周初以来营建国都的经验,又加以规范化,并做了如下的描述:

> 匠人营国,方九里,旁三门,国中九经九纬,经涂九轨。左祖右社,面朝后市。

这段记载的大意是说:国都的营建,应是一座方城,每边长九里,各有三门。城内纵横大道各九条。左有太庙,右有社稷坛。面向外朝,后为市场。这里不言而喻的是帝王的朝廷位居全城的中央。关于这一点,贺业钜在《〈考工记〉营国制度研究》一书中有所说明,摘录如下:

> 为什么要把宫廷区布置在全城中心,这和周人所崇奉的"择中论"的规划思想是分不开的。"择中论"是中国奴隶社会选择国都位置的规划理论,这种理论认为择天下之中建王"国"(即国都),既便于四方贡献,更有利于控制四方。①

这一说明指出了国都设计的理论根据,值得注意。按中国历代都城的建设,只有元大都城的规划设计和上述"匠人营国"的描述最为近似。这自然与大都城的主要设计人刘秉忠有直接关系。刘秉忠原名侃,是位熟通经史而又务实的学者,曾设坛讲学于太行山中,元代著名天文历算学家、水利学家郭守敬即出其门下。蒙古首领忽必烈入主中原,建立元朝之前,曾命刘侃在今滦河上游闪电河北岸设计兴建开平城(后改称上都,今遗址尚在),深得忽必烈赏识,因赐名秉忠。1260年忽必烈进驻当时金朝中都城,也就是在北京原始聚落上发展起来的最后一座大城,1267年决定在中都城外东北郊一座湖上离宫(太宁宫)的周围,另建大都新城,仍然任命刘秉忠为主要负责人,郭守敬也被推荐参与其事,特别是在河湖水系的利用与大运河的修建上,做出了卓越的贡献。

---

① 中国建筑工业出版社,1985年,第55~56页。

这里需要指出的是大都城垣，南北纵长，而非正方，与"匠人营国"的规划稍有区别，这显然是由于在全城的平面布局上要充分利用河湖水系的结果。其次是"大内"（相当于后日的紫禁城）的寝宫，并不在全城的正中央，也与"匠人营国"所暗示的不尽一致，而是稍向南移，但是仍然处于全城设计的中轴线上，也是合乎"择中论"的规划思想的。

元大都建成之后直到明中叶北京外城的兴建，其平面布局历经改造，与"匠人营国"所描写的原始形制，已经相去甚远，但是它所体现的基本内容，却依然未变。不仅如此，它所传达的主题思想却更加突出、更加明显。这一主题思想就集中表现在两度延长的全城中轴线上。因此这条全城中轴线的设计和它所集中表现的思想内容，正是本文所应该进一步探讨的核心问题。

2. 全城中轴线设计的含义及其历史文化渊源

北京旧城的中轴线在全城平面布局上的艺术效果，虽然屡为中外规划学家所称道，但是它的含义及其发生和演变的历史文化渊源，还有待进一步阐明。

拙作《论北京旧城的改造》[①]一文已经说明在元朝国号未

---

① 《城市规划》双月刊，1983年第1期。

建以前兴建大都城时，首先在积水潭的东北岸上确定了全城布局的几何中心，就地刻石立碑，命名为"中心之台"，然后以中心台为起点，紧傍积水潭东岸，定下了全城设计的中轴线，从而把宫城"大内"，恰好布置在太液池东岸，也就是中轴线的中间部位上，其结果是大内的前朝大明殿与后宫延春阁，也就占据了全城最重要的位置，这就十分突出地显示了这条中轴线在全城设计上的主题思想，如果用文字来说明，那就是封建帝王的"唯我独尊"。至于宗庙社稷这两组具有象征意义的建筑群，遵照"匠人营国"的原则，相应地布置在大内左右，也就是东西两面城垣的内侧。其后经过明朝的改建，内城的几何中心虽然由原来的中心台南移到景山中峰（也就是元朝延春阁的旧址），宗庙社稷两组建筑也分别移到紫禁城前的左右两侧，结果是全城中轴线在设计上的主题思想，不仅没有减弱，反而加强。特别是随着南郊天坛和山川坛的兴建，中轴线又继续向南延长，终于使得它在全城平面布局上的支配地位更加突出，它所代表的主题思想也就更加显明。

但是在这里必须进一步说明的一个问题，就是在北京旧城平面设计上不断得到发展的中轴线，它的自北而南的垂直走向是怎样确定下来的？这个问题看似简单，实际上却涉及我国都城在规划设计上的一个基本定向的问题，那就是城市布局的主导方向，一定要面向正南。由此而派生出来的一个封建统治者的正统观念，就是所谓"面南而王"。这个"面南而王"的思想，在城市的规划设计上最初体现出来始于何时，没有直接的文献记载可供参考，但至少《周礼·考工记》的"匠人营国"一节，已经间接说明了当时的城市建设计划，其主导方向必是面向正南。因此在文中讲到国都的平面布局时，只用"左祖"与"右社"以代表宗庙在东，社稷坛在西；只用"面朝"与"后市"以代表"朝廷"在南，市场在北。可以设想，这一既定的主导方向，是早已相沿成习而后遗传下来的。关于这一点，考古发现提供了有力的佐证。迄今所见早商时代的宫殿基址，说明当时的宫殿建筑，都是正面朝南[①]。又商代的宫殿基址中还显示出有两座殿址，不仅坐北朝南，而且前后并

---

① 河南偃师县二里头夏代遗址的上层，发现迄今所见我国最早的大型宫殿遗基两座，距今至少在三千六七百年以前，其中一座的遗址，略呈正方形，中部偏北处，有一长方台基，根据基址上柱穴的排列，可以复原为一座殿堂，东西长30.4米，南北宽11.4米，殿前为广庭，四周为墙基，墙内有廊庑，大门在基址南墙的中间。详见中国科学院考古研究所洛阳发掘队：《河南偃师县二里头遗址发掘简报》，《考古》1965年第5期。又湖北黄陂县以盘龙城命名的商代中期都城，距今约三千五百年，城内大型宫殿基址两处，也都是面向正南。详见湖北省博物馆、北京大学考古专业盘龙城发掘队：《盘龙城1974年度田野考古纪要》，《文物》1976年第2期。

列，从规划上判断，应即后代"前朝后寝"的原型[1]。其次，商代都城已发现有略呈方形的四面城垣，但宫殿建筑偏在城内东北部[2]。有计划地把面向正南的宫殿修建在方形城垣的中央——也就是全城的中轴线上，应是到周代才成为定制的，这就是《周礼·考工记》中"匠人营国"所根据的传统原则。其后，到了战国末年，为秦国统一天下提供思想武器的《吕氏春秋·慎势》篇中所谓"古之王者，择天下之中而立国"的"择中论"，就是这一历史事实的反映。

上述事实说明，在都城的规划设计上，以面向正南为主导方向，是有很深厚的历史文化渊源的。追求其原因，很显明的是和地处北温带的季风地区有关，这里冬季西北寒风强烈，气候严酷；夏季转以东南风为主，炎热多雨。为了避寒和采光，居室的设计，背北面南最为合理。因此由个体建筑扩大到城市布局，逐渐发展为面向正南作为整体设计上的主导方向，进而

---

[1] 详见湖北省博物馆、北京大学考古专业盘龙城发掘队：《盘龙城1974年度田野考古纪要》。

[2] 盘龙城平面略呈方形，中轴线方向为北偏东20°，城垣至1954年仍保存比较完整。已发现的宫殿基址，在城内东北部，见同上注。又郑州所发现的商城中的宫殿基址，也同样是在略呈方形城垣内的东北部，详见河南省博物馆、郑州博物馆：《郑州商代城遗址发掘报告》，《文物资料丛刊》第1辑，文物出版社，1977年。

派生出"面南而王"的传统观念,其起源可以上溯至奴隶社会时期,到了封建社会时期,已成定型。从这一点来说,北京作为历史文化名城,它所保存下来的最大的特殊风貌,也正表现在这里。

(三)旧城改造的一项根本任务及其成就

随着新中国的诞生,又重新建都北京,它所面临的一项根本任务,应该是在力求保护这座历史文化名城的特殊风貌的同时,赋予它以新的主题思想,从而反映出新的时代精神。这是极为困难的一件事。在过去三十多年的实践中,虽然出现了一些难以挽救的损失,但是也取得了一定的成就,天安门广场的改造就是一例。

现在天安门广场的前身,原是封建王朝统治时期的一个宫廷广场,三面筑有红墙,沿红墙内侧筑有连檐通脊的千步廊,中间广场呈"T"字形,过去只有炫耀封建帝王无上权威的重大典礼在这里举行,庶民百姓严禁涉足。因此在全城中轴线上所集中表现的封建帝王"唯我独尊"的主题思想,首先在这里显示出来。进入天安门之后,还要穿过层层封闭的空间,才能来到紫禁城内的核心建筑,即雄踞全城之上的前朝三大殿——太和殿、中和殿、保和殿,以及后廷三大宫——乾清宫、交泰

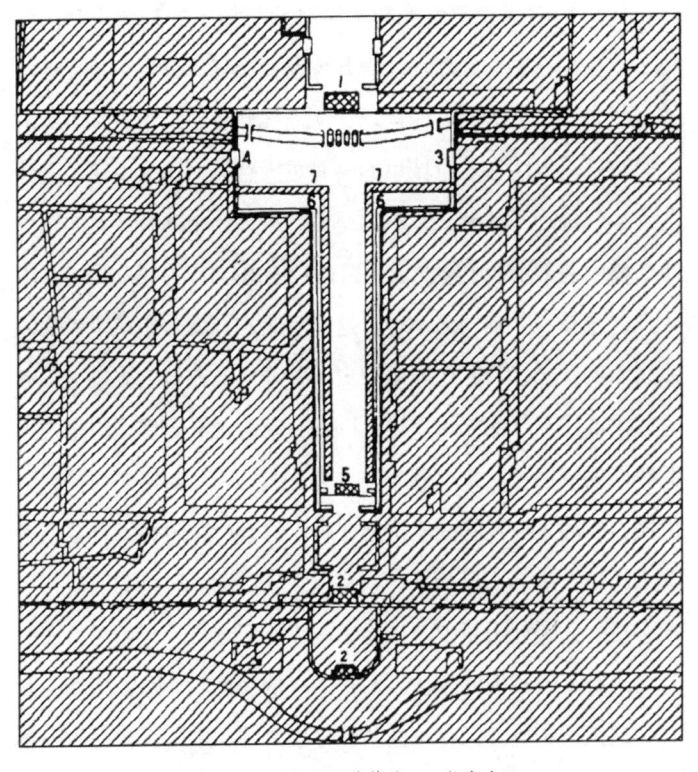

1. 天安门 2. 正阳门及其箭楼 3. 长安左门
4. 长安右门 5. 大清门 6. 红墙 7. 千步廊

清代天安门前宫廷广场

殿、坤宁宫。

1911年的辛亥革命推翻了历时两千多年的封建王朝的统治，天安门前的宫廷广场才得开放通行，其结果也正是在这里爆发了1919年伟大的五四运动，从而揭开了新民主主义革命的序幕。这是发生在北京城里的具有重大意义的历史事件。以此为起点，经历了整整三十年的革命斗争，在中国共产党的领导下，终于迎来了新中国的诞生。1949年10月1日万民欢庆的开国大典，选择在天安门前举行，这一事实本身就开始赋予天安门以崭新的意义，从此这座由历史上劳动人民在被迫服役下所兴建起来的庄严壮丽的古建筑，以完全新的含义出现在中华人民共和国的国徽上，象征着一个古老文明的新生。但是旧日严防庶民百姓涉足广场的红墙依然存在，这就严重阻碍了日益增多的人民群众进入广场开展各项有意义的活动。广场的改造，势在必行。为了迎接新中国成立十周年的纪念日，开始对天安门广场进行了大规模的改造。旧日的红墙被彻底清除，广场的面积因之大为扩展。又在东西两侧分别兴建起中国历史与中国革命博物馆和代表人民权力中心的人民大会堂。广场中央巍然矗立起人民英雄纪念碑，从此天安门广场开始以崭新的面貌出现在人们面前，其地点依旧而气象一新，它在旧日设计上所力求表达的"帝王至上"的主题思想，已经完全为一个崭新的主题

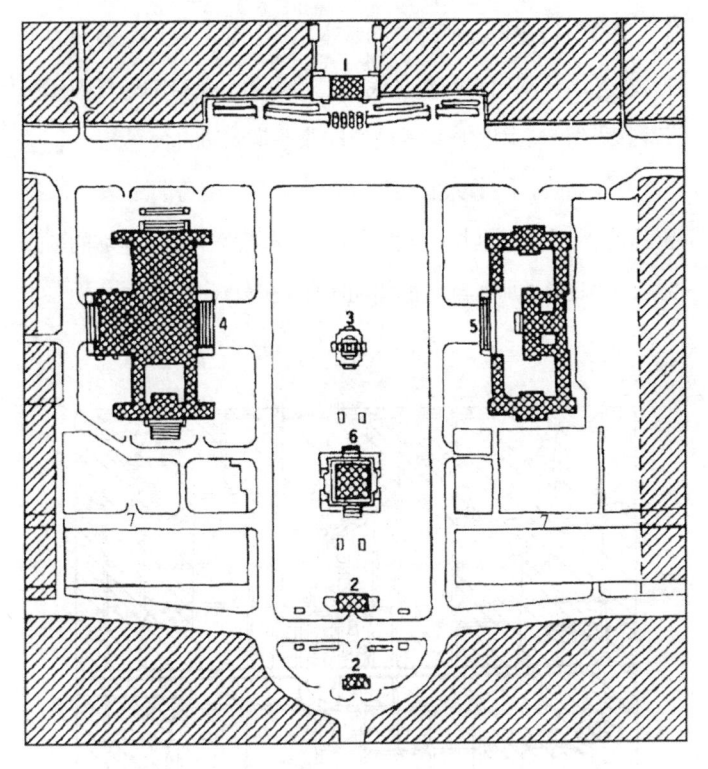

1. 天安门 2. 前门（正阳门）及其箭楼 3. 人民英雄纪念碑
4. 人民大会堂 5. 中国革命、历史博物馆 6. 毛主席纪念堂
7. 东、西交民巷

新中国成立后扩建的天安门广场

思想所代替，这就是"人民至上"。尽管现在天安门广场尚有若干细节有待改进，但是它的基本格局已定。在旧城原有的中轴线上它所体现出来的新时代的主题思想，是身临广场的任何人都感受到的，因此应该承认它的改造是成功的。

不仅如此，随着天安门广场的左右两翼在东西长安街原有的基础上又扩建和延长，从而形成了一条横贯新北京全城的东西轴线，既抵消了那条自北而南的旧轴线在全城布局上独一无二的

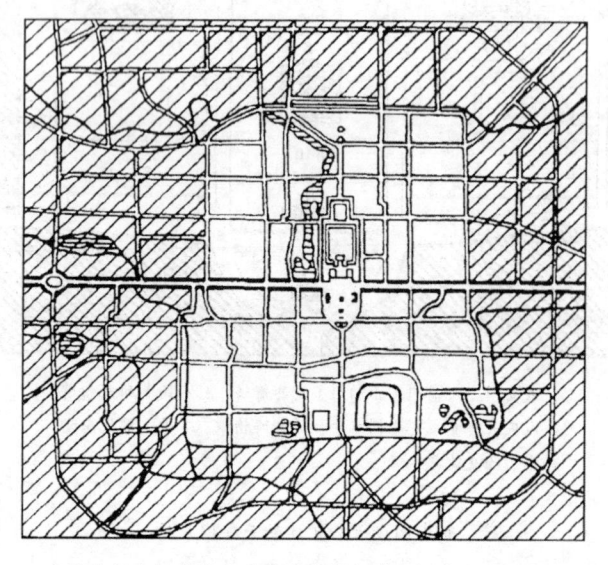

从天安门广场向东西延伸的林荫大道——东、西长安街

支配地位，同时也就产生了一种宏观效果，即把旧日全城中心的紫禁城，推移到了类似天安门广场"后院"的位置上，这就更加符合它作为"故宫博物院"的作用，上述的客观效果，从城市的平面布局上来看都是明显可见的。北京城作为全国政治中心的城市特点，已经在改造后的天安门广场上充分显示出来。

关于北京旧城城市设计的主题思想以及它的改造和发展，就先写到这里。以下想就华盛顿城市设计的主题思想，从比较的观点上，再做些探讨。

二、华盛顿城

（一）城址的选择与城市的初步设计

华盛顿城城址的选择和着手规划是从1791年（清乾隆五十六年）初开始的。当时离美利坚合众国的建国（1783）也只有八年。建国之初，定都问题颇有争议，迟迟难以决定。最后国会授权合众国第一任总统华盛顿选址建城。经过他本人的实地考察，终于选定了现在的城址。地当大西洋海岸中部，位于波托马克河（Potomac River，以下简称波河）与其东岸支流（Eastern Branch，或称Anacostia River，以下简称阿河）之间的三角地带，地形平坦，微有起伏，中央最突出的一个小山丘，当时叫作詹金斯山（Jenkins Hill），周围地界纵横，都属私产。大部分林莽丛生，间有沼泽，尚未完全开垦。两河间三角地带的北部，地形逐渐隆起，有几条小河，顺地形坡度下注，其中主要的一条原名鹅溪（Goose Greek），流经詹金斯山下，西转注入波河。三角地的尖端和西北隅，各有一个小居民点，虽有方格状的街道见于最初测量的地图上，但住户寥寥无几。只有西北角上隔着一条石溪（Rock Greek），遥遥相望的乔治镇（George Town）算是这一地区一个真正的居民点了。

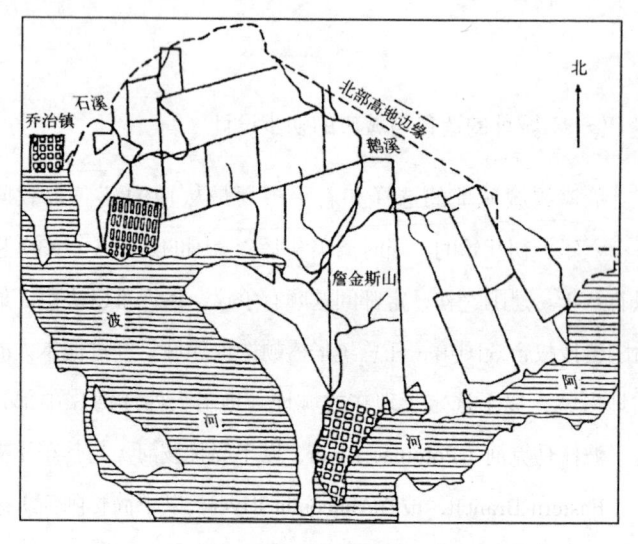

华盛顿城址初定时私人地产界线

城址选定之后，经过安德鲁·埃利科特（Andrew Ellicott）的初步测量，即由埃尔·夏尔·朗方（Pierre Charles L'Enfant）负责进行规划设计。朗方是位热情奔放又富有才华的法籍工程师，年方三十七岁。父亲原是法国凡尔赛的宫廷艺术家，朗方儿时就在那里居住过。年长肄业于他父亲任教的巴黎皇家绘画雕刻学院。1777年朗方和其他的法国志愿人员，远涉重洋来到北美洲，支援英国殖民地人民正在进行的独立战争，在军事工程中，深得当时陆军统帅华盛顿的赏识，并获得少校军衔。1791年初他接受规划首都的任务，以充沛的精力、惊人的速度，在同年8月底完成了他的规划设计，上报华盛顿总统。他在开始工作之初，就一眼看中了詹金斯山，认为这正是联邦政府中心建筑的天然基座，可以称得上是天造地设了。这座中心建筑经过后日的不断营建，就是现在最引人注目的国会大厦（Capitol），詹金斯山的名称也早已为"国会山"所代替。

以国会山为中心，朗方拟定了全城设计的中轴线，西起波河东岸，东至阿河西岸，全长约5.5公里，沿这条中轴线的西段，也就是从国会山以西至当时波河东岸，保留为一条开阔的绿地，供人民群众游息其间，几经规划发展，这就是现在有名的绿茵广场（The Mall）。至于总统府也就是现在"白宫"的选址，并不在中轴线上，而是在绿茵广场西头的北侧（后来又稍向西移到现在的位置），由此南望，视野开阔，可以遥见波河下游的浩瀚水面。至于国会山与总统府之间，则由一条斜向的大道直接连接起来，这就是现在的宾夕法尼亚大道（Pennsylvania Avenue）。自西而东横贯全城的中轴线在全城的平面布局上，显然占有支配地位，预定的绿茵广场，位置尤为突出。至于全城街道系统，纵横交错，或正交，或斜交，交接点上又多布置有大小广场。流经市中心区的鹅溪，其下游注入波河的一段，紧傍预定的绿茵广场的北侧，计划加以渠化，改为直通国会山下的运河，因仿罗马古城中的小河，改名为台伯河（Tiber River）。

全城的规划，南半部以两河为界，北半部以高地边缘为界，现在的华盛顿城，就是在这一规划的基础上不断扩展而逐渐兴建起来的。如果当初没有朗方的设计，也就不会有今天以其中心地区宏伟壮观的空间布局而闻名于世的华盛顿城。因此，现在华盛顿城中心部分，还有人称为"朗方城"[①]。

[①] 朗方设计的城市蓝图的示意图，还镌刻在从白宫到国会大厦的宾夕法尼亚大街中途一个街心广场的石筑台基上，供人鉴赏。1984年8月6日，华盛顿市长正式宣布这一天为"朗方日"，以志纪念。当时作者适在华盛顿的康奈尔大会研究中心工作，因此得到机会参加这次纪念会，进一步体会到朗方在今天美国首都人民心目中的地位。

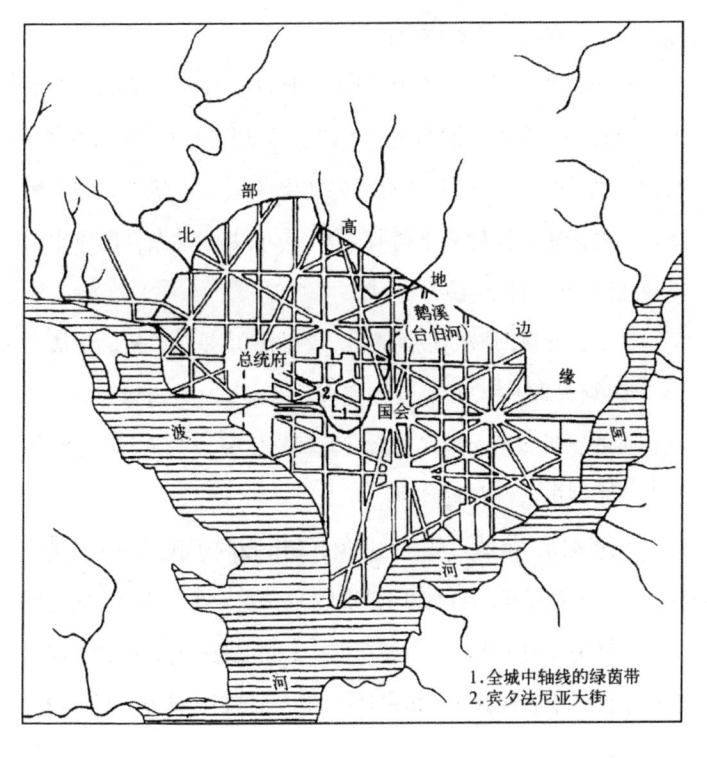

华盛顿城址初定时的地形示意图及朗方设计的
全城中轴线及主要街道轮廓

在这里,不妨先将北京旧城与华盛顿城在规划设计的轮廓上做一对比,这或许有助于读者更好地了解以下的讨论。

首先值得注意的有两点:

第一,两者各有一条中轴线。北京旧城的中轴线自北而南,紧傍一带天然湖泊的东岸。其主导方向如前所述,虽有自然因素的制约,更有深厚的历史文化渊源。华盛顿城的中轴线,自西而东,正好介于两河之间,纯粹是自然条件所决定,不受任何历史文化传统的制约。

第二,北京旧城的规划设计,四面城垣是其有机的组成部分。华盛顿城的规划设计,则完全以河流与高地边缘为界线,没有必要修筑城垣,也没有修筑城垣的传统。实际上在美国就没有一个城市是建有城垣的。

上述区别,虽然只是表面现象,却也反映了我国和西方文化传统上的一些差异。当然更重要的是这一差异在设计的主题思想上也同样地反映出来。北京城在设计上的主题思想,已如上述,在这里仅就华盛顿城在城市设计上的主题思想,试做一些探讨。

(二)城市设计主题思想试探

北京旧城城市设计的主题思想,胚胎于我国奴隶社会的商周时期,到了东周,就以《周礼·考工记》中"匠人营国"的文字描述表达出来。中央集权的封建王朝形成之后，在都城的建设上"帝王至上"的主题思想，曾有过不同形式的表现。及至元朝大都城的兴建，在继承《周礼·考工记》所描述的形制的同时，又结合了地方上河湖水系分布的特点，遂为明清北京城奠定了基础。应该说北京旧城的规划设计乃是我国长达两千多年封建王朝都城建设的最高典型。

华盛顿城市建设的时代背景，和北京旧城完全不同，在探讨其城市设计的主题思想时，应该首先从它建都时期的时代特征讲起。

1. 时代特征及其在城市设计上的初步反映

华盛顿城的建设，是北美洲人民团结起来反抗宗主国英国的殖民统治从而取得了胜利的结果之一，这一斗争由北美殖民地代表召开的大陆会议所通过的《独立宣言》充分表达出来。《独立宣言》宣称：人人生而平等，人民享有生存、自由和谋求幸福的天赋权力不可侵犯等。在宣言的初稿中，原来还有反对奴隶制的一条，只因南卡罗来纳州（South Carolina）的代表反对而被删去。马克思曾高度评价这一宣言，认为这是"第一个人权宣言"[①]。这时北美正处于资本主义上升时

---

① 《马克思恩格斯全集》第16卷，人民出版社，1964年，第20页。

期，《独立宣言》在各阶层的人民群众中得到了强烈的反应，包括最受压迫的黑人在内，都卷入了革命斗争的行列，并做出了重要的贡献。

独立战争结束以后，美国统治阶级逐渐感觉到必须进一步巩固本阶级的阶级地位和权力，从而又发起了制宪运动，企图利用宪法作为手段以维护其既得利益。在美利坚合众国正式建国前两年，在费城（全名费拉德尔菲亚，为华盛顿兴建之前的临时都城，因称故都）召开制宪会议，制定联邦共和国宪法，以立法、司法、行政三权分立作为国家机构的组织原则。其后，朗方着手于进行新建首都华盛顿的规划，显然也是本着国家机构三权分立的原则设计的，这在国会大厦、总统府和最高法院三大主要建筑的布局上，明显地反映出来。只是最初设计的最高法院的位置，在今图上已难确指。现在的最高法院，正好建筑在国会大厦的东北方，相去甚近，仍然显示出三权分立的布局思想。

但是朗方设计最突出——也是影响最为深远的一点，就是他确定了以国会山为中心的主轴线，并把主轴线上计划作为绿茵广场的位置固定下来，从而为日后华盛顿城核心地区的发展，奠定了基础。华盛顿城主轴线上的这一段和北京旧城中轴线上从景山到正阳门的一段，在全城布局上的重要性极为相似。但是彼此所反映的在设计上的主题思想，却截然不同。在北京旧城力求突出的是"帝王至上"，在华盛顿城则企图反映的是"人权为主"。因此，两者在空间处理上也就截然不同。前者是严格的封闭型，后者则是完全的开放型。思想内容不同，表达的形式也就因之而异了。

2. 中轴线设计的进一步发展及其主要建筑的客观效果

朗方为华盛顿城的规划所拟定的蓝图以及他所企图表达的主题思想，在相继而来的整整一个世纪中，并没有得到应有的重视，甚至这样一位为华盛顿城的建设做出了如此卓越贡献的人，在生前也没有得到应有的公正待遇。在他临终之前，生活穷困潦倒，死后靠友人的一片土地和资助才得下葬。直到20世纪初，他的贡献才得到承认，他的遗骸终于在1909年被隆重地迁葬于阿灵顿国家公墓的小山顶上，他所设计的城市蓝图的示意图也被镌刻在他的墓碑上，这是很有意义的一件事。从朗方墓东望，可以隔着波河遥望他所初步规划的中轴线亦即现在的绿茵广场，从林肯纪念堂一直延伸到国会大厦，整个布局上的主要建筑，历历在目，实在没有比这里更好的地方，可以使朗方永远安息了。

在这里，追述一下19世纪的一百年间，发生在国会山以西现在的绿茵广场上的以下几件事，是必要的。

第一，朗方利用台伯河加以渠化，改建为运河直达国会山下的计划，未受重视，结果河道变成了一条藏污纳垢的臭水沟，遂被填废，现在只有一座河边的小闸房在去白宫不远的地方被保留下来，作为当初运河旧址的一个标志。

第二，1847年开始兴建国家博物馆（Smithsonian Institution），没有充分考虑朗方最初设计的绿茵广场的边界线，竟然侵入了广场界内。后来虽曾议论拆除，结果还是为了保护古建的原因而保留下来。

第三，原定白宫的位置又稍向西移，进行修建，这就是现在白宫所在的地方。

第四，建成了华盛顿纪念塔，只是原定的塔址，基础不够坚实，不得不稍有迁移。新址已不在原设计的全城中轴线上，而是南移了40米，同时也已不在白宫向南垂直延伸的轴线上，而是在其以东120米，但是从视觉上好像它仍然位于中轴线上。

第五，最重要的一个变化，是在全城中轴线西端的南面和波河的东岸，填筑了一片沼泽低地，从而使波河与阿河之间原定全城中轴线的长度，从约5.5公里延伸到7.3公里，同时又利用波河这一段宽阔的河床，沿东岸筑起了一个南北狭长的半岛，这就是现在有湖泊点缀其间的波河公园。

这最后一个变化，对后来全城中轴线上的发展至为重要。

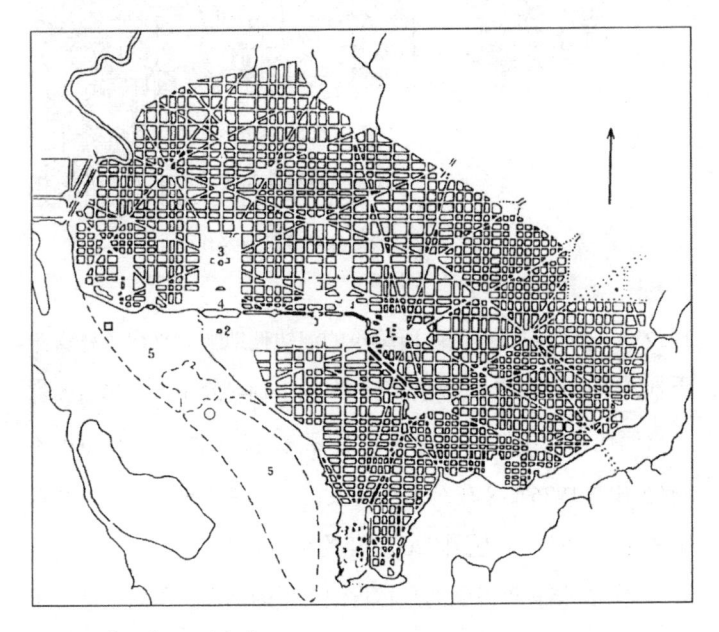

---- 虚线表示填筑后的河岸

□ 中轴线在波河东岸的新起点，即日后修建林肯纪念堂的地方

○ 日后修建杰斐逊纪念堂的地方，此图上的白宫位置后来也稍向西移，与杰斐逊纪念堂在一条南北垂直线上

1. 国会大厦址 2. 原定华盛顿纪念塔址 3. 原定白宫址 4. 运河 5. 波河公园

波河东岸沼泽及浅水区填筑的陆地

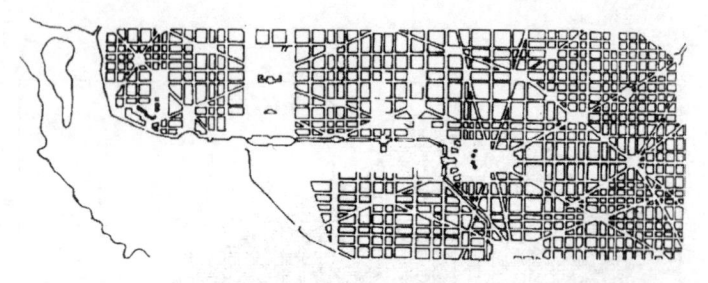

波河东岸中轴线起点的原始河岸线

1922年正是在中轴线西端所填筑的河边低地上，兴建了林肯纪念堂，明显地标志了全城自西向东的中轴线的起点。华盛顿这条自西而东的中轴线较之北京旧城自北而南的中轴线短了不到1公里。1976年又在纪念堂前狭长的"映象池"北侧，开辟了"宪法公园"作为建国200周年的纪念。

这里应该着重说明的是林肯纪念堂的兴建，不只是进一步发展了朗方最初确定的全城中轴线，而且还赋予这条中轴线在设计上所代表的主题思想以新的含义。林肯纪念堂这座白色大理石建筑，造型质朴庄严。从堂前多层白石台阶拾级而上，在殿堂内部广阔的大厅里所能看到的，只有白石雕刻的林肯坐像，屹立在中央，环顾厅内，别无一物，仅在大厅尽处南北两壁宽阔的白石墙面上，镌刻了林肯的两个著名的演讲词，其中之一就有他用来描写重新获得自由的一个政府的六字形容词，即"民有、民治、民享"。因此来到这座殿堂的巡礼者，立足在林肯像前，回首东望，越过中央耸立的华盛顿纪念塔和辽阔的绿茵广场，自然就会把一个人的思路，一直引向白色穹顶的国会大厦，这也会促使人们联想到林肯为美利坚合众国的缔造所做出的重大贡献。

然而应该看到，自从美国的联邦政府成立以来，它在《独立宣言》中所标榜的天赋人权、人人自由平等的理想，不仅没有得到真正实现，内部的矛盾反而日益突出。其中最重要的是北方以雇佣劳动为主的资本主义制度和南方以奴役黑人为主的奴隶制，两者之间的冲突，越来越尖锐。林肯于1860年被选为总统以后，坚决反对奴役黑人，并于1862年9月颁布了《解放黑奴宣言》，当时已经爆发的南北战争，因此而更加激烈。结果北部军队虽然取得了这次战争的最后胜利，可是林肯却在第二次当选为总统（1864年11月）之后，竟于1865年4月遭到了南方奴隶主刽子手的暗杀。

林肯领导的斗争虽然挽救了国家免于分裂，但是种族的歧视继续存在。

1866年，也就是林肯被暗杀的第二年，南方的种族主义者还成立了反动的组织"三K党"（Ku-Klux-Klan的简称），对黑人进行残酷的袭击和杀戮。在20世纪内继续为反对种族歧视的黑人牧师小马丁·路德·金（Martin Luther King, Jr.），也曾于1963年8月在林肯纪念堂前有二十万人参加的群众大会上，为纪念《解放黑奴宣言》的签署而发表了他的著名讲演《我有一个梦想》。可是他的"梦想"还远没有实现，而他本人却于1968年4月在田纳西州的孟斐斯城指导黑人工人争取同工同酬的示威中，也同样遭到种族主义者的暗杀！

从象征意义上说，林肯纪念堂兴建在华盛顿全城中轴线的起点上，应该看作是朗方最初所赋予它的天赋人权与这一主题思想的一个发展，可是这始终还是一个远未实现的理想。马克思也曾预言说："林肯来领导自己国家进行解放被奴役种族和改造社会制度的史无前例的战斗，是即将到来的时代的先声。"[①]可是这个"即将到来的时代"，至今还有待美国人民自己去努力争取。这也是无可讳言的事实。

3. 一个引人进一步思考的问题

1980年春天一个风光明媚的清晨，作者初访华盛顿的林肯纪念堂，印象之深刻以及思想上的感受，至今难忘。其后又曾三次访美，每次途经华盛顿，总要挤出时间前往林肯纪念堂巡礼，重温初访的感受。可是1984年夏再到华盛顿又访林肯纪念

---

① 《马克思恩格斯全集》第16卷，人民出版社，1964年，第21页。

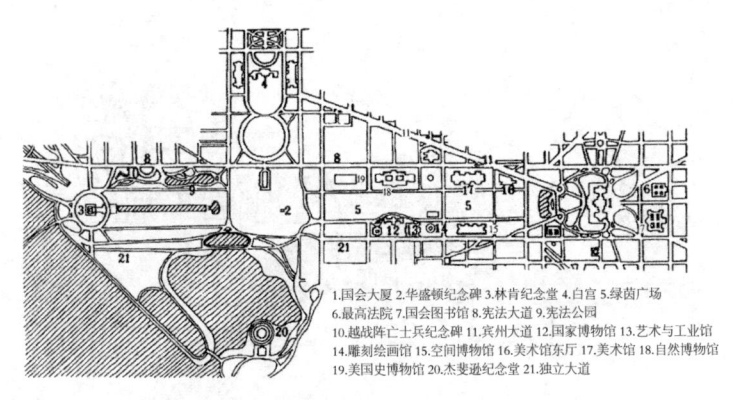

1.国会大厦 2.华盛顿纪念碑 3.林肯纪念堂 4.白宫 5.绿茵广场
6.最高法院 7.国会图书馆 8.宪法大道 9.宪法公园
10.越战阵亡士兵纪念碑 11.宾州大道 12.国家博物馆 13.艺术与工业馆
14.雕刻绘画馆 15.空间博物馆 16.美术馆东厅 17.美术馆 18.自然博物馆
19.美国史博物馆 20.杰斐逊纪念堂 21.独立大道

华盛顿城中轴线上的绿茵广场

堂时，就在纪念堂前宪法公园的西侧，出乎意外地看到有三个军人一组的雕像出现在草地上，走向前去，才知道这里乃是为第二次世界大战以后美国出兵越南阵亡士兵新建成的纪念碑。纪念碑现场的平面设计，是一个开敞式的"V"字形三角绿地。"V"字形两边以内的绿地，由地面开始向下倾斜，呈坦坡式，逐渐没入地面以下，直到尖端的最深处。沿着两边砌成黑色的石壁也就是纪念碑，碑上成排镌刻着侵越战争中5万多名阵亡士兵的姓名和军衔。沿着石碑走下去，阵亡者的名字历历在目，自然引起人们的悼亡之感，因而有"哭墙"之称。这"V"字形的两壁，一个向东南直指华盛顿纪念塔，一个向西北直指林肯纪念堂。从工程设计上来说，堪称独出心裁，

美国越战阵亡士兵纪念碑

是一位华裔女青年林樱的杰作[①]。至于其含义，则更加耐人寻味，因为当年美国出兵越南，曾引起国内广大人民群众的反对，被认为是一场非正义的战争。这一阵亡士兵的纪念地，选址在全城中轴线的绿茵广场上，沿着其两壁向外的指向看去，华盛顿纪念塔和林肯纪念堂即遥遥在望。这又不能不使人联想到美利坚合众国的缔造者所怀抱的理想与信念，和出兵越南的

---

① 这是1982年应征入选的设计，当时林樱（Maya Lin）尚在耶鲁大学建筑系学习。

非正义战争,这两者在性质上的差异,相去何啻天渊。作为一个异国的观光者,在华盛顿城市设计的中轴线上看到这一纪念地时,不能不想到:美国的人民群众为了最终实现其国家缔造者的伟大理想,正不知道还有多少崎岖不平的道路正等待着去跋涉呢。

三、他山之石,可以攻玉
——华盛顿城市建设可供借鉴的几例

北京和华盛顿这两个姊妹城市,从建城之初就力求通过全城中轴线的设计来显示其主题思想,尽管两者的历史背景各不相同,但在力图反映其时代精神这一点上,却是一致的。现在北京和华盛顿的城市建设都已远远超出了最初设计的范围,北京旧城的城垣已被拆除,新市区在旧城郊外迅速扩建起来。但是北京旧城在新的城市建设总体规划中,仍然居于核心地位。华盛顿城的发展也早已超越了东西两河与北部高地边缘的界线向外迅速扩展,但是"朗方城"仍然是全城布局的中心。不过从北京城的建设来说,随着整个社会制度的改革,它所面临的主要问题就和华盛顿大不一样了。当前在北京城的城市规划和建设中,亟须注意的一件事就是如何在继承其优良传统的同时,又能赋予它以新的思想内容，从而反映出一个社会主义新时代的来临。这个问题在全城中轴线的处理上表现得最为敏感，也最为突出。例如天安门广场的改造，在这个意义上来说是成功的；其次，也要考虑到在继承自己优良传统以达到古为今用的目的的同时，还必须积极吸收外国的先进经验，以达到"洋为中用"的目的。应该承认在资本主义国家的城市建设上，确有不少先进的经验，值得我们学习。问题在于区别哪些是真正的先进经验，切忌盲目抄袭，否则有害无益。以华盛顿的城市建设为例，在它的全城中轴线上对所有建筑物的布局及其功能要求，就有可供借鉴的地方。它的国会大厦屹立于中轴线的正中央，城中所有的楼房建筑的高度都不得超过它，它就给整个城市的天际线带来一大特色。从国会大厦向西直到华盛顿纪念塔前的绿茵广场，地势平展，视野辽阔。广场的南北两侧，有博物馆、展览馆等，依次排列，在南侧的有航天空间博物馆、现代艺术展览馆、国立博物馆（内有首都城市规划设计史展览厅）等。在北侧的有美术陈列馆、自然史博物馆、美国历史博物馆等。北侧中间退后一方场地，还有一座国家档案馆。在国会大厦的东南侧与高等法院大楼南北并列的，则是举世闻名的国会图书馆及其最近扩建的新馆。在这个全城的心脏部位上，集中表现出华盛顿作为全国政治中心和文化中心的特点，整个布局严正而富有变化，两侧的各大博物馆、展览馆，虽然高度大体一致，而建筑形式各不相同，从国立博物馆红砖碉堡式的古典建筑，到航天空间博物馆的现代设计，各有其时代特征，其中最负盛名的是建成不久的美术陈列馆的东厅。这里原是绿茵广场东北角上的一块三角地带而又近在国会山下，地点至为重要，在建筑设计上也最难处理。正是在这里，著名华裔建筑学家贝聿铭显示了他卓越的才能，设计了这座独具一格的建筑物，为广场增辉。

写到这里，又不禁想到上文已经讲过，新中国成立十周年时扩建天安门广场，同时兴建了人民大会堂和中国历史和革命史博物馆，使得天安门广场在体现全国政治中心的同时，也兼有文化中心的象征。但是在设计的当时，北京作为全国的政治中心之外也是全国的文化中心这一特点，还没有得到充分的认识和说明，现在考虑到今后精神文明建设的重大意义和建设北京作为全国文化中心的要求，在全城的规划设计上，应该进一步结合城市平面布局的历史特点来加以考虑。上述华盛顿城中轴线上核心地区的建设，只是仅供参考的一例而已。

原载《城市问题》1987年第3期，略加删改
本次自北京大学院士文集《侯仁之文集》选出

评西方学者论述北京城市规划建设四例

北京作为举世闻名的历史文化名城,长期以来为西方学者所瞩目,一般描述以及专题论著,为数众多,这里只就有关北京城市规划建设的四例,评述如下。

一、关于城址条件的探讨

北京的城址为什么选择在现今所在的这个地方?究竟有哪些有利的条件决定了它的建址?这是个饶有兴趣但又不很容易说明的问题。

在我国旧日的文献中,讲到北京地理位置的优越性时,经常有如下的描述说:"左环沧海,右拥太行,南襟河济,北枕居庸。"但是这样笼统的描述,并不能具体说明北京城在这里建址的原因。最初把这个问题作为现代城市地理学的研究课题提到日程上来的，据个人涉猎所及，当以国际上有名的一位原籍澳洲的地理学家泰勒（Griffith Taylor）为最重要。五十多年前泰勒教授曾任教于美国芝加哥大学，并于1941年当选为美国地理学家协会的主席。他在就职的学术讲演中，曾着重讨论了北京城的城址条件问题，他说：

> 北京是在一个辽阔的冲积平原和温和的气候条件下发展起来的一个大城市的佳例。它的发展比起其他城市规模更大、更古老，也更复杂。或许认为这个主要的北方大城市应该在大平原的中心，或者靠近其主要河流，或者在一个滨海的良好港口上发展起来，可是这些条件北京城都不具备……要指明北京之所以超越黄河冲积平原上其他大多数城市而发展起来的任何环境因素是困难的。……看来很清楚的是北京城址的选择，有不可忽视的人为因素。在早期，占卜者认为北京城的城址是特别吉利的，而政治上的原因则是主要的。……早在公元前723年以前，正是由于占卜和政治上的原因，导致了这个城市的诞生，当时它的名称叫作蓟。

他最后的结论是：

必须承认北京城址的选择,并不是由于任何明显的环境因素……或许可以认为地处一个环境一致的辽阔大平原上的北京城,正是一个适当的例子来说明,在这种情况下,地理上的分布是带有偶然性的。(以上引文,均见 *Annals of the Associaiton of American Geographers*, vol. XXXII, 1942)

按我国古代城市确曾有利用占卜来建址的例子,如《尚书·洛诰》所记周公经过占卜来确定最初的洛阳城址,即其一例。北京起源于蓟城,这是事实。但是蓟城的建址,并没有经过占卜的任何记载。蓟城的兴起,有明文可考的是始于周武王十一年所分封的蓟国,时在公元前1045年,去今已有三千余年。与蓟国同时被分封的还有燕国,其故址在今房山区琉璃河乡,北去蓟城,不过百里。这燕蓟两国都处于古代由华北大平原北上直达北京小平原的唯一的一条南北大道上,因为当时这条大道以东的平原上水网密布,以西又有太行山平地崛起,南来北往都不可行。而蓟城所在又正是这条南北大道的北方尽头。由此再向北去,古代大道开始分歧,因此蓟城正是当时南北交通的枢纽,地理位置十分重要。也正是由于这一有利的地理条件,蓟城才有可能发展起来。其后燕国兼并了蓟国,并且迁都到蓟城。到了东周的战国时代，蓟城已是所谓"海内名都"了。随后，秦始皇结束了战国纷争的局面，创建了中央集权的封建国家之后，历代王朝先后相继，蓟城一直是华北平原北部的重镇和地区行政的中心。公元938年兴起于西辽河上的契丹人南下，取得蓟城，改称南京，又名燕京，是为辽代的陪都。也就是作为进一步南下中原的前进基地。

其后，兴起于松花江上的女真人又南下占领燕京，并加以扩建，遂于公元1153年正式迁都，这就是金朝的中都城，也就是北京历史上正式建都之始。继续南下相继崛起于北方高原上的蒙古族南下占领中都城之后，为了取得更为丰沛的水源，又于公元1267年在中都东北郊外的一带天然湖泊上，另建新城，这就是元朝正式建都的大都城，从而为今后的北京城奠定了基础。因此可见北京建城的地理因素，在充分考虑其原始状况的前提下是完全可以说明的。

但是，不能不指出正是泰勒教授才第一次把有关北京城的建址问题，提到现代城市地理学的研究上来进行探讨的。尽管他的结论是错误的，但是明确提出问题，并认真进行探讨，却是值得重视的。应该看到，在科学研究的道路上，有时提出问题比起解决问题，更为重要。而上述问题的探讨，又进一步说明，只有从历史地理学的研究入手，才能得到问题的正确解答。

二、关于城市中轴线的说明

北京城在规划设计上的中轴线,有着悠久的历史渊源,也是中国城市建筑史上十分值得注意的一个问题。在西方学者中对这个问题做了深入研究的,当以美国芝加哥大学另一位学者、原籍英国的卫德礼(Paul Wheatley)教授贡献最大。

卫德礼教授是一位历史地理学家,学识渊博,通晓亚洲数种语言文字,特别是对中国城市历史地理的研究,有其独到之处。他在1971年出版了研究中国古代城市的一部巨著:*The Pivot of the Four Quarters*,可以直译为《四方之极》。实际上,这个英文书名正是作者译自《诗经·商颂·殷武》中"四方之极"这一诗句的,因此原书在英文译名之外也同时用了这四个汉字作为名称。原书第449页照录了《诗经》中这首诗的部分原文:

> 商邑翼翼,四方之极。
> 赫赫厥声,濯濯厥灵。
> 寿考且宁,以保我后生。

这显然是歌颂商朝都城的，其描写也含有重要的在城市建设上的象征意义，而这一点正是卫德礼教授所十分重视的。例如《四方之极》的第五章第一节，就着重讨论了中国古代城市中轴线的设计问题。大意是说中国的典型城市在形态上最为突出的一点，就是其主导方位和中轴线以及近乎正方形的四面高大的城墙。中国一些古代城市的平面图所显示的，大体都是这样一种形式，而在都城的设计上则尤为明显。于是他着重做了如下的论述：

> 在中国城市中沿着自南而北的主轴线行进的大路，比起任何自东而西的道路都更为重要。沿着这条主轴线的大路，布置了最重要的官方建筑。至于在都城中，所有这些建筑都是面向正南，毫无例外。应该看到在中国城市中这条南北轴线的功能，和欧洲巴洛克式城市中的街景大道是很不相同的。后者的设计使得处于远方尽头处的建筑物在展望中显示其位居中心的重要性。中国城市中的中心大路的重要性，不在于视觉上的突出，而在于其象征意义。实际上它的全部街景永远不可能在同一时间或同一地点呈现在眼前。它并不是由一系列的空间所组成的一个中轴线上的完整街景。这一中轴线的设计，在北京城里被十分突出

地显示出来。如果沿着这条中心大路行进的时候，迎面而来的似乎是没有尽头的大门、城楼以及城垣的延续。（见原著第 425 页）

摘录以上这一段，意在说明卫德礼教授已经充分指出了北京城内中轴线的特点以及它在主导方向上必是南北向的。那么它的象征意义又何在呢？试行讨论如下。

北京城中轴线的设计，始于元代大都城，而大都城的平面布局，在我国历代都城的建设中，又和《周礼·考工记》"匠人营国"的描述最为相似。"匠人营国"的中心内容是"左祖右社，面朝后市"，在这里虽然没有明确提出还要有一条中轴线，但这条中轴线是隐然存在的。因为左有太庙（左祖）、右有社稷坛（右社），而左右对称的位置，正说明两者中间必然有一条中轴线。而前方的朝廷（面朝）和后方的市场（后市），也就必然是布置在这条中轴线上。更值得注意的是"匠人营国"的这段描述。在说明主要建筑的相对位置时，用"左""右"以指示东西，用"面""后"以指示南北。或许可以提出这样一个问题：既然以"后"指示北，为什么不用"前"而用"面"以指示南呢？一般在引用"匠人营国"的这段描述时，也常常把"面"字写为"前"字，从实际情况来说，以"前"代"面"并无错误。但是原文用"面"以表示"南"，不仅指明了方向，而且还暗示着一个更重要的问题，就是主导方向的含义。这个主导方向，必须是自北而南，而不能是自南而北。也就是说宫殿建筑的设计，必须是面向正南，而不能面向正北。因此宫殿中统治者的"宝座"也就必然是向南，而不是向北了。这一情况相沿到后代，在历代封建王朝的统治时期，登上"宝座""君临天下"的统治者，也就被称为"面南而王"了。这一事实，也就赋予国都设计中的中轴线以特殊的象征意义。也正是中轴线上的这一象征意义，才显示了中国历代都城设计上的最大特点。而这一特点又是在北京城最初的设计上就已经被充分地显示出来。

现在时代不同了，北京城里这条传统的中轴线所固有的象征意义，已经不复存在，但是它在人民首都的总体规划中，仍然占有十分突出的位置，并已开始赋予它以社会主义新时代的象征意义，居中出现在这条中轴线上的天安门广场，就是非常重要的一例。如何继续进行这条中轴线的规划设计，进一步丰富其新时代的象征意义，正是首都的城市建设者所面临的一项十分重要的任务。

在这里应该补充说明的是：我国古代宫殿建筑的设计之所以面向正南，起源甚早。根据考古发现，河南偃师县二里头商代早期遗址中的大型宫殿遗基（详见《考古》1965年第5期）以及湖北黄陂县盘龙城商代两进宫殿遗基（详见《文物》1976年第2期），都足以说明这一点。这种主要建筑面向正南的设计，自然是与所在北温带季风区的地理位置有直接关系。这里在冬季处于西北大陆内部高气压的控制之下，北风严寒凛冽，日照时间又短；到了夏季，高气压中心转向东南海洋，南风炎热多雨，又是烈日当空。因此，随着季节的变化，为了冬季的避寒采光和夏季的通风降暑，居室设计当以面向正南为上策。最高统治者的宫殿如此，民间的住房其实也是一样。现在北京城里所保留下来的典型四合院的正房，必然是面向正南，也就是这个道理。随着现代设备和建筑条件的发展，居室的方向已不像过去那样受着自然条件的严格限制了，但是北京城里典型的四合院，或大或小，都仍有保留的价值，这也是应当引起重视的问题，这里就不讨论了。

三、关于城市总体设计的评价

从北京城中轴线的讨论，必然要涉及关于北京城总体设计的评价。

自从元朝大都城的兴建开始确定了北京城的中轴线之后，

整个城市的平面布局,又经过明朝的继续改造,并且在进一步向南延长其中轴线之后,更加筑了外城,这才使北京城的总体布局最后固定下来,一直完整地保存到新中国成立的时候,这就是现在所说的"北京旧城"。

这个北京旧城的总体设计,在西方的建筑家和城市规划学者中是得到了高度评价的。这里只举一例,略作说明。

正是1949新中国成立的那一年,著名的丹麦学者罗斯穆森(Steen Eiler Rasmussen)的专著《市镇与建筑》一书的丹麦文原本出版,1951年有英文译本(*Towns and Buildings*)问世。这部书的第一章,就是讲的北京城的总体设计,并且给予了极高的评价。不仅如此,他在全书的序文里,就已经明确地写道:

> 有极好的德文和日文的旅游指南,提供了关于北京城每一座宫殿和庙坛的详细介绍,但是对下列一事却只字未提,即北京的整个城市,乃是世界一大奇观,它的布局和谐而明朗,是一个卓越的纪念物,一个伟大文明的顶峰。这是必须由我们自己去发现的。

只从这一论断,无须再做书中任何细节的介绍,就足以说明罗斯穆森对于北京旧城的总体设计是十分赞扬的。但是有一点，在用词上也值得考虑，例如把北京在城市建设上的成就，认为是已经达到了"一个伟大文明的顶峰"。这"顶峰"（culmination）一词，就值得商榷，因为既已达到顶峰，那就不能再发展、再前进了。更确切的含义，应该是说北京旧城在封建社会时期、作为国都的设计，从它所表现的"帝王至上"这一主题思想来说，可以称得上是已经达到了"顶峰"。但是历史的车轮永远是滚滚向前的，到了一个新的历史时代，又将有新的"顶峰"出现在人们面前。在作为人民首都北京城的规划设计上，为了体现社会主义新时代的主题思想，还有新的"顶峰"正在等待我们去攀登，这就是我们所面临的一项重要任务之一。从整个文化的发展来说，只有充分了解自己的过去，才能创造自己的未来。

四、关于古代规划的现实意义

很可惋惜的是罗斯穆森已经离开了我们，但是另一位对北京旧城的规划设计怀有同样感情的西方学者却依然健在，并且还在最近前来北京出席了"历史名城与现代化建设"的科学讨论会，这就是美国的培根教授（Edmund N.Bacon）。从新中国成立的1949年一直到1970年，培根教授负责主持美国故都费城（Philadelphia）的城市规划建设达二十年之久。由于他重视维修古建筑和力求保持城市的传统风貌而在国际上享有盛誉，并于1971年由美国城市规划家协会授予卓越贡献的荣誉奖。

早在1967年，他的名著《城市设计》（*Design of Cities*）出版，1974年又有新版问世，这个新版又曾多次重印，流传甚广。就在这部文图并茂的专著中，有专节论述北京旧城的城市规划，并有大幅插图作为说明。这一节的开头一段是这样写的：

> 在地球表面上人类最伟大的个体工事大概要算是北京城了。这个中国城市是作为帝王的居住之地而设计的，意在显示这里乃是宇宙的中心。这个城市深深浸沉在宫廷仪礼和宗教意识之中，现在这一切都和我们无关了。尽管如此，它的规划设计是如此之杰出，仍然为今天的城市提供了丰富的思想宝库。（第244页）

培根教授的这一评论至为重要，他既充分肯定了在封建帝王的统治时代北京城在规划设计上的杰出之处，同时又指出它的某些内容已经不能适应新时代的要求，但是它的整体设计仍有重要的参考价值，值得借鉴。培根教授自称他在费城的规划建设工作中,是受了北京城的一些影响的。这也就证明了北京旧城的规划设计仍有它十分重要的现实意义。关键的问题就在于我们如何在保持其特殊风貌的同时进行现代化的建设,从而创造出社会主义新时代的人民首都。

本次自《奋蹄集》选出

国家新闻出版广电总局
首届向全国推荐中华优秀传统文化普及图书

大家小书书目

国学救亡讲演录	章太炎 著 蒙木 编
门外文谈	鲁迅 著
经典常谈	朱自清 著
语言与文化	罗常培 著
习坎庸言校正	罗庸 著 杜志勇 校注
鸭池十讲（增订本）	罗庸 著 杜志勇 编订
古代汉语常识	王力 著
国学概论新编	谭正璧 编著
文言尺牍入门	谭正璧 著
日用交谊尺牍	谭正璧 著
敦煌学概论	姜亮夫 著
训诂简论	陆宗达 著
金石丛话	施蛰存 著
常识	周有光 著 叶芳 编
文言津逮	张中行 著
经学常谈	屈守元 著
国学讲演录	程应镠 著
英语学习	李赋宁 著
中国字典史略	刘叶秋 著
语文修养	刘叶秋 著
笔祸史谈丛	黄裳 著
古典目录学浅说	来新夏 著
闲谈写对联	白化文 著
汉字知识	郭锡良 著
怎样使用标点符号（增订本）	苏培成 著
汉字构型学讲座	王宁 著

诗境浅说	俞陛云 著
唐五代词境浅说	俞陛云 著
北宋词境浅说	俞陛云 著
南宋词境浅说	俞陛云 著
人间词话新注	王国维 著 滕咸惠 校注
苏辛词说	顾 随 著 陈 均 校
诗论	朱光潜 著
唐五代两宋词史稿	郑振铎 著
唐诗杂论	闻一多 著
诗词格律概要	王 力 著
唐宋词欣赏	夏承焘 著
槐屋古诗说	俞平伯 著
词学十讲	龙榆生 著
词曲概论	龙榆生 著
唐宋词格律	龙榆生 著
楚辞讲录	姜亮夫 著
读词偶记	詹安泰 著
中国古典诗歌讲稿	浦江清 著
	浦汉明 彭书麟 整理
唐人绝句启蒙	李霁野 著
唐宋词启蒙	李霁野 著
唐诗研究	胡云翼 著
风诗心赏	萧涤非 著 萧光乾 萧海川 编
人民诗人杜甫	萧涤非 著 萧光乾 萧海川 编
唐宋词概说	吴世昌 著
宋词赏析	沈祖棻 著
唐人七绝诗浅释	沈祖棻 著
道教徒的诗人李白及其痛苦	李长之 著
英美现代诗谈	王佐良 著 董伯韬 编
闲坐说诗经	金性尧 著
陶渊明批评	萧望卿 著

古典诗文述略	吴小如 著	
诗的魅力		
——郑敏谈外国诗歌	郑 敏 著	
新诗与传统	郑 敏 著	
一诗一世界	邵燕祥 著	
舒芜说诗	舒 芜 著	
名篇词例选说	叶嘉莹 著	
汉魏六朝诗简说	王运熙 著	董伯韬 编
唐诗纵横谈	周勋初 著	
楚辞讲座	汤炳正 著	
	汤序波 汤文瑞 整理	
好诗不厌百回读	袁行霈 著	
山水有清音		
——古代山水田园诗鉴要	葛晓音 著	
红楼梦考证	胡 适 著	
《水浒传》考证	胡 适 著	
《水浒传》与中国社会	萨孟武 著	
《西游记》与中国古代政治	萨孟武 著	
《红楼梦》与中国旧家庭	萨孟武 著	
《金瓶梅》人物	孟 超 著	张光宇 绘
水泊梁山英雄谱	孟 超 著	张光宇 绘
水浒五论	聂绀弩 著	
《三国演义》试论	董每戡 著	
《红楼梦》的艺术生命	吴组缃 著	刘勇强 编
《红楼梦》探源	吴世昌 著	
《西游记》漫话	林 庚 著	
史诗《红楼梦》	何其芳 著	
	王叔晖 图	蒙 木 编
细说红楼	周绍良 著	
红楼小讲	周汝昌 著	周伦玲 整理

曹雪芹的故事	周汝昌 著	周伦玲	整理
古典小说漫稿	吴小如 著		
三生石上旧精魂			
——中国古代小说与宗教	白化文 著		
《金瓶梅》十二讲	宁宗一 著		
中国古典小说十五讲	宁宗一 著		
古体小说论要	程毅中 著		
近体小说论要	程毅中 著		
《聊斋志异》面面观	马振方 著		
《儒林外史》简说	何满子 著		
我的杂学	周作人 著	张丽华	编
写作常谈	叶圣陶 著		
中国骈文概论	瞿兑之 著		
谈修养	朱光潜 著		
给青年的十二封信	朱光潜 著		
论雅俗共赏	朱自清 著		
文学概论讲义	老舍 著		
中国文学史导论	罗庸 著	杜志勇	辑校
给少男少女	李霁野 著		
古典文学略述	王季思 著	王兆凯	编
古典戏曲略说	王季思 著	王兆凯	编
鲁迅批判	李长之 著		
唐代进士行卷与文学	程千帆 著		
说八股	启功 张中行	金克木	著
译余偶拾	杨宪益 著		
文学漫识	杨宪益 著		
三国谈心录	金性尧 著		
夜阑话韩柳	金性尧 著		
漫谈西方文学	李赋宁 著		
历代笔记概述	刘叶秋 著		

周作人概观	舒 芜 著	
古代文学入门	王运熙 著	董伯韬 编
有琴一张	资中筠 著	
中国文化与世界文化	乐黛云 著	
新文学小讲	严家炎 著	
回归，还是出发	高尔泰 著	
文学的阅读	洪子诚 著	
中国文学1949—1989	洪子诚 著	
鲁迅作品细读	钱理群 著	
中国戏曲	幺书仪 著	
元曲十题	幺书仪 著	
唐宋八大家 ——古代散文的典范	葛晓音 选译	
辛亥革命亲历记	吴玉章 著	
中国历史讲话	熊十力 著	
中国史学入门	顾颉刚 著	何启君 整理
秦汉的方士与儒生	顾颉刚 著	
三国史话	吕思勉 著	
史学要论	李大钊 著	
中国近代史	蒋廷黻 著	
民族与古代中国史	傅斯年 著	
五谷史话	万国鼎 著	徐定懿 编
民族文话	郑振铎 著	
史料与史学	翦伯赞 著	
秦汉史九讲	翦伯赞 著	
唐代社会概略	黄现璠 著	
清史简述	郑天挺 著	
两汉社会生活概述	谢国桢 著	
中国文化与中国的兵	雷海宗 著	
元史讲座	韩儒林 著	

魏晋南北朝史稿	贺昌群 著
汉唐精神	贺昌群 著
海上丝路与文化交流	常任侠 著
中国史纲	张荫麟 著
两宋史纲	张荫麟 著
北宋政治改革家王安石	邓广铭 著
从紫禁城到故宫 ——营建、艺术、史事	单士元 著
春秋史	童书业 著
明史简述	吴晗 著
朱元璋传	吴晗 著
明朝开国史	吴晗 著
旧史新谈	吴晗 著 习之 编
史学遗产六讲	白寿彝 著
先秦思想讲话	杨向奎 著
司马迁之人格与风格	李长之 著
历史人物	郭沫若 著
屈原研究（增订本）	郭沫若 著
考古寻根记	苏秉琦 著
舆地勾稽六十年	谭其骧 著
魏晋南北朝隋唐史	唐长孺 著
秦汉史略	何兹全 著
魏晋南北朝史略	何兹全 著
司马迁	季镇淮 著
唐王朝的崛起与兴盛	汪篯 著
南北朝史话	程应镠 著
二千年间	胡绳 著
论三国人物	方诗铭 著
辽代史话	陈述 著
考古发现与中西文化交流	宿白 著
清史三百年	戴逸 著

清史寻踪	戴　逸　著
走出中国近代史	章开沅　著
中国古代政治文明讲略	张传玺　著
艺术、神话与祭祀	张光直　著
	刘　静　乌鲁木加甫　译
中国古代衣食住行	许嘉璐　著
辽夏金元小史	邱树森　著
中国古代史学十讲	瞿林东　著
历代官制概述	瞿宣颖　著

宾虹论画	黄宾虹　著
中国绘画史	陈师曾　著
和青年朋友谈书法	沈尹默　著
中国画法研究	吕凤子　著
桥梁史话	茅以升　著
中国戏剧史讲座	周贻白　著
中国戏剧简史	董每戡　著
西洋戏剧简史	董每戡　著
俞平伯说昆曲	俞平伯　著　陈　均　编
新建筑与流派	童　寯　著
论园	童　寯　著
拙匠随笔	梁思成　著　林　洙　编
中国建筑艺术	梁思成　著　林　洙　编
沈从文讲文物	沈从文　著　王　风　编
中国画的艺术	徐悲鸿　著　马小起　编
中国绘画史纲	傅抱石　著
龙坡谈艺	台静农　著
中国舞蹈史话	常任侠　著
中国美术史谈	常任侠　著
说书与戏曲	金受申　著
世界美术名作二十讲	傅　雷　著

中国画论体系及其批评	李长之 著	
金石书画漫谈	启 功 著	赵仁珪 编
吞山怀谷		
——中国山水园林艺术	汪菊渊 著	
故宫探微	朱家溍 著	
中国古代音乐与舞蹈	阴法鲁 著	刘玉才 编
梓翁说园	陈从周 著	
旧戏新谈	黄 裳 著	
民间年画十讲	王树村 著	姜彦文 编
民间美术与民俗	王树村 著	姜彦文 编
长城史话	罗哲文 著	
天工人巧		
——中国古园林六讲	罗哲文 著	
现代建筑奠基人	罗小未 著	
世界桥梁趣谈	唐寰澄 著	
如何欣赏一座桥	唐寰澄 著	
桥梁的故事	唐寰澄 著	
园林的意境	周维权 著	
万方安和		
——皇家园林的故事	周维权 著	
乡土漫谈	陈志华 著	
现代建筑的故事	吴焕加 著	
中国古代建筑概说	傅熹年 著	
简易哲学纲要	蔡元培 著	
大学教育	蔡元培 著	
	北大元培学院 编	
老子、孔子、墨子及其学派	梁启超 著	
春秋战国思想史话	嵇文甫 著	
晚明思想史论	嵇文甫 著	
新人生论	冯友兰 著	

中国哲学与未来世界哲学	冯友兰 著	
谈美	朱光潜 著	
谈美书简	朱光潜 著	
中国古代心理学思想	潘菽 著	
新人生观	罗家伦 著	
佛教基本知识	周叔迦 著	
儒学述要	罗庸 著	杜志勇 辑校
老子其人其书及其学派	詹剑峰 著	
周易简要	李镜池 著	李铭建 编
希腊漫话	罗念生 著	
佛教常识答问	赵朴初 著	
维也纳学派哲学	洪谦 著	
大一统与儒家思想	杨向奎 著	
孔子的故事	李长之 著	
西洋哲学史	李长之 著	
哲学讲话	艾思奇 著	
中国文化六讲	何兹全 著	
墨子与墨家	任继愈 著	
中华慧命续千年	萧萐父 著	
儒学十讲	汤一介 著	
汉化佛教与佛寺	白化文 著	
传统文化六讲	金开诚 著	金舒年 徐令缘 编
美是自由的象征	高尔泰 著	
艺术的觉醒	高尔泰 著	
中华文化片论	冯天瑜 著	
儒者的智慧	郭齐勇 著	
中国政治思想史	吕思勉 著	
市政制度	张慰慈 著	
政治学大纲	张慰慈 著	
民俗与迷信	江绍原 著	陈泳超 整理

政治的学问	钱端升 著	钱元强 编
从古典经济学派到马克思	陈岱孙 著	
乡土中国	费孝通 著	
社会调查自白	费孝通 著	
怎样做好律师	张思之 著	孙国栋 编
中西之交	陈乐民 著	
律师与法治	江平 著	孙国栋 编
中华法文化史镜鉴	张晋藩 著	
新闻艺术（增订本）	徐铸成 著	
经济学常识	吴敬琏 著	马国川 编
中国化学史稿	张子高 编著	
中国机械工程发明史	刘仙洲 著	
天道与人文	竺可桢 著	施爱东 编
中国医学史略	范行准 著	
优选法与统筹法平话	华罗庚 著	
数学知识竞赛五讲	华罗庚 著	
中国历史上的科学发明（插图本）	钱伟长 著	

出版说明

"大家小书"多是一代大家的经典著作,在还属于手抄的著述年代里,每个字都是经过作者精琢细磨之后所拣选的。为尊重作者写作习惯和遣词风格、尊重语言文字自身发展流变的规律,为读者提供一个可靠的版本,"大家小书"对于已经经典化的作品不进行现代汉语的规范化处理。

提请读者特别注意。

北京出版社